Memórias de um jovem poeta

Victor Lê-me

• Vol . 2

MJP2

Dores do crescimento

Dados Internacionais de Catalogação na Publicação (CIP)

(Câmara Brasileira do Livro, SP, Brasil)

Lê-me, Victor
    Memórias de um jovem poeta : volume 2 / Victor Lê-me. -- Mongaguá, SP : Ed. do Autor, 2023.

    ISBN 978-65-00-67302-9

    1. Poesia brasileira I. Título.

23-153911   CDD-B869.1

Índices para catálogo sistemático:

1. Poesia : Literatura brasileira
B869.1

Tábata Alves da Silva - Bibliotecária - CRB-8/9253

UICLAP® Editora e Distribuidora Ltda
Rua dos Ingleses, 524 - cj.5 - São Paulo/SP - CEP 01329-000
(11) 3230-0812
contato@uiclap.com

Te dou meus melhores movimentos
Consciente de que ao fim do show
Diferentes de antes
Iremos embora

Essas cenas todas
importam

SUMÁRIO

Introdução

Oiie! Deixa eu te falar um pouco sobre o que é esse livro.

Esse é o segundo volume de uma série de escritos que produzi entre os 15 e os 22 anos. Nesse volume, reuni as peças que resultaram da minha vivência entre os anos de 2020 e 2022: o horror da pandemia, a dor da rejeição, o encerramento de uma relação de 6 anos e a transição para o início da vida adulta.

Essa fase da minha vida foi bastante movimentada, com a pandemia, o término, a recuperação de uma tenossinovite no tendão flexor do polegar, o desenvolvimento do meu TCC, um estágio como monitor, a conclusão da faculdade, meu primeiro emprego, minha primeira vez na psicoterapia e uma experiência com aulas de teatro.

Bastante do que está posto aqui é realmente vulnerável, profundo, íntimo e pessoal. Acredito que ser capaz de aceitar e admitir o que há de dolorido, particular e fora do nosso controle e planejamento na vida faz parte de um processo honesto e necessário de nos aceitarmos tal como somos, humanos.

O que compreendi em maior profundidade nesse intervalo é que a vida tem mesmo seu próprio tempo e maneira de se desenvolver dentro do jogo do universo. O aumento de consciência é de fato o que nos faz mais hábeis a agir como peças desse quebra-cabeças chamado destino.

Ainda nesse volume, reuni publicações de um projeto que desenvolvi no Instagram, o Mental frames, e textos de *outros gêneros* literários que não poemas, como cartas, diálogos, notas e prosa poética.

O **Mental frames** (@mentalframes) foi um projeto que iniciei no início da pandemia de COVID-19, em que pretendia postar obras mais objetivas e reflexivas e com referências à filosofia. Aqui, você encontra dois poemas que cheguei a redigir na época.

Outro projeto é **Atelo** (@atelopoesia), um espaço que criei para divulgar os poemas que apresentei nos dois volumes anteriores. O pseudônimo significa "imperfeito", em alusão ao estado de incompletude que todos assumimos atravessando a vida.

Hoje em dia, ambos os perfis servem de portfólio para o meu trabalho. Como foram disponibilizados em uma rede muito visual, muitas peças acompanham ilustrações.

Por fim, fecho essa edição refletindo sobre a digestão de temas pessoais e geracionais, os frutos de um mergulho na Astrologia e um desabafo/rasgar de verbo sobre meu ex, após ele ressurgir 2 anos depois do nosso término destilando em mim seu rancor.

Espero que o que encontre por aqui possa te tocar de alguma forma, auxiliar seu contato consigo (e o mundo) e diminuir sua solidão. :) ♥

Comentários

Admiro muito quando um artista conta um pouco mais sobre o seu trabalho, falando sobre suas inspirações, o processo criativo, opiniões, intenções e curiosidades. Gosto de assistir a entrevistas ou a outros formatos que possibilitam isso, como os do Genius (empresa de mídia digital com anotações e interpretações de letra de músicas).

Você pode conhecer melhor alguns dos poemas que redigi aqui a partir dessa playlist no meu canal do Youtube:

https://bit.ly/mdujp2YT

II

Crise dos 20

————

Como vinho,

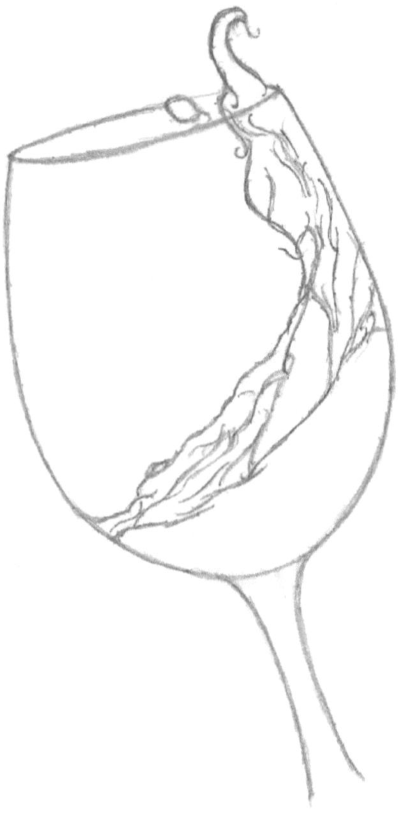

ficamos melhores com o tempo

Acordo sem saber
onde a vida desembocará

A sociedade parece anestesiada

Dizem que quem não é romântico aos 20
não tem coração — E eu tenho de
concordar

Pandêmico

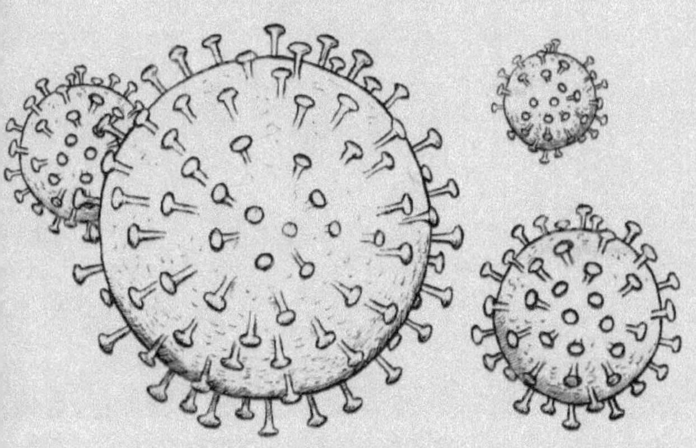

[1/3]

Monstro do mar

Cuidado, aí vem
Mais uma vez
O monstro do mar

Cuidado, ele tem
A boca aberta
E a mente fechada
Ele berra
Ele ataca

O monstro do mar é ele
São eles
Dito mito
Dita ideia
É uma estrutura
É um sistema
É uma cultura
É uma massa
É um mal
que se espalha
É uma fissura
É uma Filosofia

O caos produz
E de caos
se alimenta
E seu discurso
É tão letal
quanto o canto das sereias

Seus tentáculos se estendem
a direções tenebrosas
Tripulações tremem
Criatura perigosa
Indecorosa
Tão poderosa
quanto posa?
Ameaça desgostosa

Ao monstro do mar falta empatia
Porque não conhece suas forças
Tampouco suas fraquezas

O monstro do mar gera discórdia
Se debate nas próprias ondas
De indiferença e aspereza

O monstro do mar não se importa
Com a água envenenada
Se ele não tiver de tomar

O monstro do mar é egoísta
E tudo que pode ver
É seu reflexo sobre as águas

[3/3]

O monstro do mar
No mar de ódio que agita
Há de se afogar

Naufraga em dor
Quem mundos afunda

Há de restar apenas espuma
Em águas brandas
Onde possamos mergulhar

Elo: Barco Brasileiro

Ato patriota

Tempos
em que amor à pátria
se tornou odiar
quem se orgulha
de envergonhá-la

[1/2]

Sufoco

Nunca foram tempos fáceis
Mas há tão pouco, parece que foi ontem
Caminhar através desse fogo parecia menos
duro e complicado

Sempre fomos tão amáveis
Mas agora, são tantos ventos contrários
e eu tenho torcido que nos soprem pra longe
e um dia contem
Que pudemos nos manter jovens e apaixonados

E agora, que acumulo machucados
Meus momentos de fato animados
Têm de valor o que têm de raros
Cresço para me descobrir despreparado

Algum dia saberei o que fazer?
Será antes de me perder?
O que mais posso aprender
Até me desprender?

Só me segure
Seguro com você

[2/2]

Eles dizem "dance na chuva"
Mas e quando a chuva é petróleo
E estamos num incêndio?
Alguém chame um bom médico
Estamos doentes
Estamos morrendo

Resistindo
Me diz que sairemos vivos

Vivo
Mais sensível
Menos submisso
Mais humano
Menos frio
Mais honesto
Menos esquivo
Mais responsável
Menos cretino
Mais luta
Com menos sacrifício
Menos normal
Se o normal for o precipício

Ânsia

Bebo do seu vômito
para sentir o gosto
da expulsão
das entranhas
da podridão que me consome

Estamos todos sujos
desejando encarar
o alvejamento
o exorcismo
a revolução

Descartável

———

Descartável

Te intoxica como veneno
E te faz sentir pequeno

Como se o que sentisse fosse descartável
Não conveniente, silenciável

Somos
Soma
E não importa o quanto isso seja repetido
Ninguém é descartável
Ninguém é substituível

Céu Vermelho

Lágrimas caem
como granadas
no campo de batalha
em que você me amou

Pateta

Eu choro
depois rio
Por que acreditei nisso
desde o princípio
afinal?

Desencontro emocional

Você bem sabe
Não esqueço de nada
Então me fale
Memória intacta

Mente que cresce
História descontada
Com o que se parece?
Fale, se abra

Eu ainda sei
Mas você me faria lembrar?

Por que eu o queria
tanto, tanto
dessa maneira?

Silêncio no ar
Morremos aqui?

É com isso que se parece
O que você sentiu por mim?

Gatilho

No fundo, eu sabia
Eu não serviria
Isso nunca funcionaria

Por que a criança legal
Gostaria tanto da criança deprimida?
Eu nunca vou ser normal
Você estava certo, certeza dolorida
Nunca seria uma relação justa
Excepcional, mas não recíproca
Eu nunca serei tão especial
Nunca o que você busca, precisa

Complexo, eu complicaria
Ferido, eu machucaria
Eu tentaria evitar
Pelo que mais amo no mundo
Eu não conseguiria
Eu sou uma bagunça
E o que é, é o que eu temia

Você não se apaixonaria
Não da mesma maneira
Eu tentei, mas eu nunca seria
Nunca me encaixaria
Não nessa vida

Sou um desejo
Derradeiro
Você é um sonho
no meio do pesadelo
Você é perfeito
E eu tão pequeno

Viver intenso e instável
Sou um garoto problemático

Traumatizado,
sobrevivente

Ciumento e carente
E acho que nunca vou ser bom o suficiente

Uma confusão
Me desculpa
Te confundir

Mas você tinha que me fazer sentir
Que eu podia ser aquele que te faria feliz?

Para tentar me fazer não precisar de você
Quando soubesse que não precisa de mim

Para me deixar sem resposta ou explicação
alguma
Para eu me torturar todos os dias com milhares
de perguntas

[3/3]

No fundo, eu não sabia
Por você, eu acreditaria

Já é passado, não é?
Não passou de uma tentativa

No fundo, eu não sabia
E está me partindo desacreditar
Ao final, eu não conseguiria

E eu tentaria
Fazer não me machucar
Não tanto
Mas machuca
Toda vez me faz lembrar
Um encanto
Fugaz
Uma tortura

Término

Vou te proteger
Enquanto viver
Mas não te ter
É o meu mais novo
Maior prazer

Madrugar com você em mensagens de texto
Era muito melhor que madrugar com você nos
pensamentos
Coração aquecido e mente descontraída
Minha mente já não para e meu coração palpita

Quando caímos

Eu me lembro que
Simplesmente aconteceu
Nenhum de nós pôde prever
Cadeia sucedente
Luz e breu

Gigante gasoso
Eu flutuava
Em torno de sonhos
Amplas fantasias
Em torno de enganos
Concepções vazias

Um amor consistente e épico
Você me preencheu de esperanças
Nenhuma utilidade em ser cético
O ontem é só uma lembrança

Nunca achei que seria
tão meloso ou intenso
Quanto eu não daria
para ser verdadeiro
Eu mesmo
Fogo aceso
em realidade fria

Quando você me fazia sentir único
Necessário e insubstituível
Quando eu nunca havia duvidado
Que você estava comigo

Quando você me prometia
Ser o que não podia
E eu não sabia
Você não iria
Você não podia

Lançamos voo juntos
Você me deu as mãos
Até eu me arriscar

Mas quando caímos
Você abriu o paraquedas
E me assistiu mergulhar

[3/3]

Do alto
Preferi o céu ao solo
Até chegar o aterrissar

De baixo
Me arrastei
Até poder caminhar

Eu estou de pé
Chão frio
Onde eu deveria estar

Aqui é onde
Enfim capaz de repousar
Crio asas próprias

O céu é meu

Elo: Despencamos

[1/19]

Éramos como água e óleo
Ocupávamos o mesmo espaço
Mas nunca fomos uma coisa só

Meu bem
Tudo que eu queria
É que você tivesse
um pouco mais de empatia

Coisas seriam mais simples
Com um pouco mais de disposição

Você sabe que eu nunca seria capaz
de te afundar em desconsideração

[2/19]

Éramos mais promissores
Do que as tragédias eram iminentes
E acredito que saibamos como poucos
Verter um mar de rosas
Quando atingimos o pertinente

Em dias melhores
Você pode ser tudo
de mais lírico
de mais nobre

Mas quando não estamos com sorte
Você envolve tudo
de mais subjetivo
em deboche

Duro consertar o padrão
Mas duro, abrir mão
Como foi que terminamos
sem opção?

[3/19]

E nessa de passar por cima
Me diga

Já não é suficiente?

A linha de chegada
já não foi
atingida?

Já não evitou me poupar
De todo e cada possível artifício
Que poderia lançar uso
Para danificar
O resto de cortesia
Entre duas almas
Aos quais descanso
Seria um direito
E não uma honraria?

Me tire da sua lista
Me tire de sua mira

Da pilha de medos
Que você cultiva

que usa pra se limitar
quando acha que precisa.

Sendo esse, enfim,
Um dos vícios
da sua vida

Sabotagem
em nome do pior
que você pode ter em vista

Se dará conta, um dia

Falta de equilíbrio e integridade
É, por si, uma causa muito maior
De devastação psíquica

Que qualquer espetáculo
de intempéries da vida
no qual te fiz companhia

[5/19]

Pra você
Nada pode escapar
de uma bolha de prestígio

Sabemos
Quando pediu para continuarmos amigos
Não era só seu apreço pela minha amizade
Mas também jeito de evitar compromisso

Pra você, sempre foi difícil
Lidar com o fato de que você tem passado
de que o mundo não orbita seu egoísmo
de que não pode viver uma relação fechado
consigo
Careta e insensível

Que omitir informação imprescindível
e maltratar quem diz amar pra se afastar
é um comportamento descarado
e opressivo

Sabe a real?

Seu pai estava certo
Te dizer um mimadinho.

Sua professora estava certa
Te dizer manipulativo.

[6/19]

Por detrás da sua arrogância
Quando fala como se soubesse
como as coisas devem ser
ou o que se deve fazer
Acho que só há alguém
com medo de crescer

A truculência, de cedo,
fôra sua defensiva

Te protege do mundo

Assim como
Os pensamentos compulsivos e injustos
Automatizados em seus esquemas mentais
adúlteros
Pelos quais com razão se condena
Sempre dividido entre o mínimo de
consideração
E uma usual falta de escrúpulos

Espero que melhoremos;
É ciclo doloroso
Ser difícil com todos
E depois se sentir culpado
A saber que faz
de novo e de novo

[7/19]

Admitir deve ser um desafio:

Parte da razão
De termos caído

É que ambos gostamos de controle
Você faz tudo por isso
Mas se relacionar comigo
Não envolve isso
Não é a forma
pela qual existo

Pra você, sempre foi difícil
lidar com as consequências dos seus atos
viver a vida fora de um arsenal defensivo

Um ano sem conversar comigo
E você me fala sobre registros
E me devolve, de graça
a frieza
de um eu decidido

Afinal, não foi trabalho nenhum
Nos coletar desde o início
E fechar o ciclo
Mesmo com a desilusão
e o choro
Amigavelmente
Vendo beleza nisso

[8/19]

Não dar a mínima
ser sua postura
Também não me é
surpresa alguma

Nossas memórias
Sempre foram mais minhas
do que suas

[9/19]

Sem algum culto ao vínculo
Você não teria por perto
Nem nossos amigos

ponte não teria existido
Sem mim
Ao fim
Até isso

Você fazia pouco deles
Como hoje faz de mim

Talvez um dia, mude então de ideia
Parece que você funciona assim

[10/19]

Pra você, o que seria a vida?
Um jogo de buscas?

Em busca
do próximo prazer
que valha a procura?

Um jogo vale-tudo
Até quando se abusa?

Ser um indivíduo
e fazer as escolhas que quer
Será sua grande desculpa

[11/19]

Não fomos um desperdício
É como penso, sobre isso

Se pudesse, poria mesmo perdido
algo que disse, tantas vezes,
infinito?

[12/19]

Nos mantive em arquivo
Bem como nos derramei em poesia

E nos pus em perspectiva
Todas as possíveis
Nesta vasta galeria

Pois uma representação monocromática
Meu pavor
É algo de que fugiria

Esse ajuntamento de regras
Não há vida que as seguiria

A diversidade fica
Pela confiabilidade da narrativa

[13/19]

Assim, leitores saberão:

A despeito de nossa cautela
Mesmo o genuíno e bom
Esmorece

Enganos acontecem
E pessoas queridas
nos desmerecem

[14/19]

Retaliação
nunca foi
minha marca preferida

Mas disse, uma vez
que me magoaria
em nome de obras-primas

E essa, de todas,
você cumpriria.

[15/19]

Relato
Pra que saibam

Que mesmo após
o crepúsculo da parceria

(e lá, eu sei
houve alegria,
um dia)

dói,
mas ainda há vida

[16/19]

Relato:

Escolher bem com quem anda
É uma bela teoria
Mas na vida, vida
As coisas mudam
Não é preto e branco
dói,
mas a gente lida

[17/19]

Pra que não se enganem

Alguns costumam descrever

Amores tranquilos
Como apenas tranquilos
E precipícios
Apenas precipícios

Nós nunca fomos
Um "só isso"

[18/19]

Quer um resumo sobre nós?
Dois perdidos

em cumplicidade galopante
Com tons de romance
Energias destoantes
E uma manutenção
desgastante

Até um nada
berrante

Avante.

[19/19]

Nunca conseguimos
manter a pose

Não teria modo
pela qual
isso não fosse
Agridoce

Sinceramente,
Uma pena
que você sempre force a barra

Ao fim de tudo
Essa seção de vida
Já estava encerrada

E essa composição nem existiria
Se você não insistisse
Em ser um babaca

Dói

Não quero
Nos lembrar assim
Depois do fim

Solar

ME PERDOA

(MESMO)

ME PERDI

COM MEDO

DE

TE PERDER

[1/2]

E

E tem sido difícil
Mas com você ao meu lado
Eu me esqueci disso

Eu sonho e eu crio
E é assim que eu passo por isso
Você sonha comigo
E eu sinto que consigo

E eu ainda acho que somos
a coisa mais linda do universo
E isso é tão real quanto a luz do sol
passando pelas frestas da janela quando desperto
A luz que me ilumina
em meio ao escuro completo

Eu quero ser seu
Você me faz sentir livre
Você me faz sentir que pertenço
Quero continuar seu melhor amigo
Seu "Eu te amo infinito"
Seu "VICTOR"
Até seu bobo

E eu amo
e me orgulho
de quem você é
e vem a ser
Cada parte do todo
Você é tão valioso

E eu quero respeitar
você, eu
nossa história
nossa relação
nossos sentimentos
espaços e tempos
Tudo

Saber
E amadurecer

E eu confio em você
Mais do que nunca
Mais do que tudo

Somos maiores que os nossos medos

Eu vou ser melhor
Eu juro

E eu estarei torcendo
Que seja muito feliz

E eu estarei esperando
Que volte pra mim

"e" é uma conjunção copulativa/aproximativa ou aditiva, cuja função é estabelecer uma relação de ligação que expresse uma ideia de adição, soma ou acréscimo.

Referência: 16º-17º

Azul espetacular

Pela orla da praia
O avistei sentado no concreto
Você encarava o céu e o mar
Por ti eu chamava
Imóvel por completo
Olhando o azul espetacular

Você não me respondia
Sequer olhava para o lado
E eu sentia
que havia te feito algo errado

Foi só um sonho
E eu
amante sonâmbulo
acordei
azul como o céu
azul como as ondas

E você
Fez o que faz
como ninguém:
Me enxergou

Elo: Filtro P&B

Filtro P&B

Estávamos em uma chamada
É tão bom te ver assim
Adentro seu quarto, sua casa
Seu rosto fofo, ali pra mim

Atravesso as telas e te alcanço
Chegamos tão longe, você está aqui comigo
E havia um filtro em preto e branco
Como num filme antigo

Sem trajes
ou barreiras
Face a face
À vista um do outro
Nos tocávamos
descobertos
em um beijo

Foi só um sonho
E eu acordei
Querendo que fosse
real

Elo: Azul espetacular

[1/3]

Bagunças bonitas

Briguento e temperamental
Destratado por onde passa
Sempre há alguém que julga
O embate, a revolta

Já faz tanto tempo
Tivemos tanto tempo
E eu já te amava
Em todo jeito
Em toda época

Aconteceu
Estamos crescendo
E eu te amo
com tanta força

Olhando pra trás agora
Há tanta história

Coisas, vivências
Momentos às sós

Olhando pra trás agora
Há tanta memória

Quem imaginaria
tanto sobre nós?

[2/3]

Um clássico
O garoto bonzinho
curtiria o "bad boy"

Eu, tão certinho
com tantas camadas de problemático
Talvez gostasse de alguém levado
Profundamente belo
Por trás de tantos machucados
e dramas estampados

Como se eu, tão superestimado
Sabendo tão além
dos olhares me lançados
Pudesse ver além
de alguém tão subestimado
Enérgico, dedicado

Será que entre modelos pré-formatados
Em um mundo tão mal preparado
É tão ruim assim
ser honestamente conturbado?

Somos ambos confusos
Com nossas inseguranças
Humanos
Complicados

[3/3]

Jeitos específicos
Não sei se explicável

Destino
Sorte
Escolha
Acaso?
Mas é bom
te ter ao meu lado

Dizemos
Eu te amo infinito
De você, nunca desisto

Conflitos
e pedras no caminho
Não os mais bem resolvidos
Mas abramos um sorriso
Muito a ser visto
Fortes, unidos
Temos corações bonitos

Gestação

Parece a vida acabando
Mas ainda não começou
Só está chegando perto

Estação que flui se esgotando
Um fruto que só madurou
Com olhos fechados e peito aberto

Natureza que flui em tormenta
Um embrião em um casulo
Contorcendo-se com os espasmos

Parece uma morte violenta
Mas ainda está no útero
Sofrendo as dores do parto

Sustentador

Não minha paixão
Não minha prisão
Uma opção
de sustentação
A que estendo mão
e coração
Minha formação
Mas não
Não minha definição

Vivância

Amor ao que faço
Amar o que amo
Amor a ser amado
Amar quem amo

Além dos grandes marcos e conquistas
As pequenas vitórias do dia a dia
Meu objetivo é um modo de vida
Com saúde, amor e momentos de alegria

E ao fazer
essa vontade de superação
ouvida
Pois é ela
Legítima

Devo voltar ao meu real funcionamento
E assistir aos desdobramentos
naufragantes e desadaptativos
dessa inerte fadiga
serem levados

pelo tempo

Sedentário

Eu fui sedentário
até minha saúde
secar
Secar foi sofrimento
Sufoco suficiente
para me causar
Desespero
Agonia
Me fazer sentir
dia após dia
Sedento
de misericórdia
Estou sedento
por sarar
Saindo
para procurar
por saída

por cura
Em ânsia
por movimento
Em luta
por mudança
Em paz
por amar
Reúno forças
pra continuar
pra crescer
Posto a orar
Pra muito mais
que sobreviver
Tenho forças
Pra transformar

[2/2]

Pulso Firme

Contrai
Expande
Contrai
Expande

Quanto mais me apequeno
Menos espaço tenho

Eu sou o incêndio
O furacão
O maremoto
A inundação

Contrai
Expande
Contrai
Expande

Expande

Arte viva
*e alma de **Artista***

Ao mundo
De mente e coração abertos

Disposto a
Dissecar
Des secar

Olhar de perto

Imaginação fértil
E sensibilidade aflorada
Obstinado e sério
Intensidade inata

Idealista revolucionário
Um romântico orgulhoso

Em morte, em renascer,
Em vida um dia mais

Quieto e desconfiado

É um mundo perigoso
para os emocionais

[2/3]

Emoções profundas
Pensa pensador
Honestidade pura
Contos de dor e amor
A vida é uma aventura
E eu um historiador

Então me diga dramático
Sou mesmo uma baboseira sentimental
Mas eu não me intimido
Em adentrar o complexo imaterial

Na vulnerabilidade
Força real

Vigor essencial
Razão existencial

Nada em vão

Potência criativa
Construtiva
Produtiva

Do que se transforma
Se reinventa
Revitaliza

Cristaliza

[2/3]

[3/3]

A beleza
Tem sua oficina

Local performático
"Em seus lugares"

Inicio o ato
E digo: "Se preparem"

Então, me diga dramático
E me aplauda quando as luzes apagarem

Caráter metafísico
Em toda parte
Pois sou isso

Éter artístico
Na arte
Eu existo

Fênix

Esse amor

Me aqueceu
Me queimou

Me apagou
Me soprou

Para longe
Como cinzas

Para que enfim
eu aprendesse

A brilhar
Sozinho

Solar

Me encontre sob o calor do Astro Rei
Pois sua luz revela o que se esconde nas
sombras

Me encontre sob o pavor de tudo que sei
Pois a realidade
vem à tona

E eu,
Eu pago à vista
Por qualquer coisa que seja real
Pois hoje prefiro a verdade doída
Às doces fantasias
O ilusório não se sustenta
O concreto se impõe
A verdade fica

Esteja eu em rio de lágrimas
Em show
de pirotecnia

Dou a cara a tapa
Mesmo que possa haver
sangria

Darei a volta
por cima

Algum dia

Quando caímos
Despencamos
Assustados e doloridos
Ambos

Grande dano
Nós dois erramos
Quando soltamos nossas mãos

Nenhum culpado
Muito complicado
Nada em vão

Caímos em solo arenoso
E só com apoio um do outro
Pudemos atravessar

A difícil realidade
A dor da fragilidade
Os cortes da recaída

As chances do amadurecimento
O aprendizado do tempo
A provação da vida

Imperfeição
Aceitação
Perdão
Compreensão

[2/2]

A redescoberta
da conversa

Toda e cada ferida
Até então
aberta
Tratada e curada

Construímos uma aeronave
adequada

Belo amor e bela vista
Bem-querida sina
O céu teria um azul tão triste
Sem sua companhia

Elo: Quando caímos

coffe breaks

Mesmo após as mudanças de desejo
Você ainda me provoca esse efeito
Acordo e durmo pensando em você
Penso em você (quase) o tempo inteiro

Referência: Garoto Café

[1/15]

16º-17º

16º

Faz 16 dias
que mal nos falamos
Em metade disso
Faço 20 anos

Você foi um destaque
da última década
Um tempo e tanto
Pra quem quer
que esteja contando

Eu faço o que faço
quando afastamento é o caso
e eu deveria esperar
pacientemente

[2/15]

Tento ser
uma boa máquina de trabalho
e me tranquilizar
com o fato
de que estou sempre
a navegar
por redemoinhos
de pensamentos
e emoções
que em algum momento
se tornaram nossas
Me conter
até poder
te ter de volta

Emocional e não posso evitar
Paro de produzir
E começo a pensar
15 sóis de rotina intensa
16º, choro durante todo o dia

Agendas e exigências
Nunca param
Mas minha mente
sempre divaga

A essa altura, você deve saber
Discurso sobre o mito da independência
num mundo que me faz
não querer
ter de depender

[3/15]

Trabalhos em equipe
Eu carrego a pilha
Eu lidero a manada
Do início ao fim,
Puxo o fio da meada

Consciente de acordos e promessas
Pois as consequências dos nossos atos
nunca se esvaem pelo ar
Alguém sempre paga por elas

E não estou
Mas me sinto brigado
com pessoas
que ignoram
seus impactos
Em outros planos
mas por perto
como fantasmas

[4/15]

Na minha
Sozinho
Pois sou forte
e posso lidar com isso
Estou comigo
E no fim das contas
Minha história
Meus choros
Minha vida
Eu sempre consigo
Tenho um bom grupo de amigos
E eu mesmo
estou incluído

Tantos vínculos
inesquiváveis
Você é o único
com que responsabilizo
De quem espero
dependo
Por livre-arbítrio

Fluxo contínuo
de emoções e ideias
Já faz um tempo
que eu tô em busca
De uma forma mais madura
Justa
Adulta
de lidar com elas

Talvez uma boa hora
pra chamar a psicóloga

Mas por agora
Imprimir nessa folha
me parece boa forma
de botar para fora

Eu até imaginei falar
com você a respeito
Mas devo respeitar
o momento

Você está bem
E eu também

Não pra isso
Mas eu te chamei
Nada errado
Tudo bem
Você só não parecia
estar muito a fim de conversa
E eu entendo
That's ok

Você está bem
E que bom;
Eu também

[6/15]

40 dias
desde vários áudios
É bastante tempo
pra em algum momento
eu me questionar

E eu posso relaxar
Mas só por hoje
Um dia de folga
Pra não ser uma máquina
Pra chorar

Eu espero não ter dito muita bobagem
Embora goste de ter sido autêntico
Não sei o que esperar
Sem sala para reação conjunta
Faço o que faço
pra você:
Me entregar

E sempre me entrego
Mesmo nos meus quês
incertos

Confesso que
Minha mente vaga
Imagina
cenários possíveis
E tento me preparar
pras possibilidades difíceis

[7/15]

Eu sei que há uma chance
do vão, do vácuo entre nós
ser muito grande
mas seja do tamanho que for
Eu realmente espero
que possamos resolver
Quem sabe
possamos criar
uma ponte

Me pergunto
se te assusta
eu te adorar tanto
Mas como poderia não fazer
Se é tão difícil
Não gostar muito de você?

E acredite
eu sou ótimo em perceber
boas qualidades nas pessoas
Mas você é mais
do que os olhos podem ver

17º

Tudo que eu quero
É te conhecer

[8/15]

Alguma apreensão
Toda vez
que chegamos a essa parte
do embate
em que
com todas
as dificuldades
temos de ver
e criar
a verdade

Depois de tantos tempos
em silêncio
Tantos receios
De estarmos vendo
Ir cada um
pra uma direção
De que nossas mãos
estejam escorregando
E que, de algum jeito
o que cruzamos
juntos
foi um caminho
de separação

Depois de
tanta caminhada
tropeços
quedas
e levantadas
Ainda vejo você
ao olhar em volta

Descanso
Mas nunca paramos
de avançar
nos deixar tentar
deixar ir
pra onde a gente precisar

Minha sensação
é que os últimos doze meses
da minha vida
Foram travessia ao subterrâneo
Íntimo transformado;
Sinto ciclos acabando

E olhando pra trás
Minha vida toda
Eu me pego me apegando
Apegado e consciente
Porque sei, as coisas passam
O pra sempre não nos pertence
Então nos cabe nos dedicar
ao que temos à frente
intensamente

De costume
Eu experiencio
A transição da vida
em mortes lentas
algumas muito doídas
Gradativas
Com um apelo
de despedidas

Consumo sobremesas
com colheres pequenas

Colecionando
lembranças

Guardo-as
em suas caixas
E vivo
novas etapas

Devaneio
Sonho sonhos
por sonhar

Mas eu amo
o amor que dura
porque nos dá
muito tempo
pra sentir
Tempo de
respirar

De todas
Você é a pessoa
da qual eu menos quis
desapegar

Tão difícil imaginar,
Mas com você, eu pude,
Um companheiro
pra vida toda

[11/15]

Nos tornamos tão fortes
Não posso negar
Que loucura de vida
Mas tenho muita sorte
por te encontrar

Você é especial pra mim
Não dá pra evitar

Eu nem sempre sei
/soube o que fazer
Eu só queria ser o melhor
pro melhor da minha vida

Quando eu percebi
que você realmente
estava lá pra mim
Realizado e feliz
É como me senti

Porque no geral
Admito que sou
uma bagunça
sensível e pensativa
E me penso patético
Antes que alguém mais pense
Mas sendo só eu e eu
Gosto de ser assim
Embora não seja fácil
E eu busque
maneira
de me inserir

[12/15]

De algum jeito
Você foi aquele com que
me senti
mais livre

Agora sei melhor
e sei melhor de mim
Você me faz sentir
Mais do que posso reprimir

Sinto muito que retraímos
Até explodir

Tantos fatores
Nos levaram até aqui

Tantos mais
nos levarão mais longe
Nem pra sempre
Faltará tempo
E nós não morreremos
de fome

Pois é o seu calor e o meu
no Inverno
Sua imagem na minha mente
Enquanto subo as escadas
do Inferno

[13/15]

Então talvez eu descubra
que estive com medo
mas ao contrário
do que eu esperava
você pode me encarar
apesar das cicatrizes
de vida
na minha cara
Apesar de nos perdermos
em nossa nuvem
de fumaça

Então
Eu sei que temos problemas
Mas todas as vezes
Que escolhemos tentar
Valeram a pena

Obrigado
por uma par
de bons momentos
pra lembrar

Então dessa vez
Acho que preciso ver pra crer
mas eu posso suspeitar

Eu tive o suficiente
pra saber
que agora não é
a mesma coisa

[14/15]

Tempo e silêncio
Não nos separarão mais
Posso pensar
nos últimos avanços
como sinais?

Eu daria uma moeda
uma fortuna
pra que seus pensamentos
encontrassem os meus
Talvez bem-informado
Eu não precisasse temer
ser ignorante
e agir errado
sem perceber

Respiro
e me digo
Será uma fase nova
de qualquer forma

Afinal
Mesmo agora
Eu já sei mais
Eu tive sua companhia
E me sinto mais em paz
Em nos dar tempo
pra processar
e viver a vida

[15/15]

Acho que um quase lá
Mas eu posso relaxar
Depois de hoje
Dois dias de folga
Pra não ser uma máquina
Pra chorar

Está tudo bem
E como eu disse
pouco mais de um ano atrás
Tudo sobre nós
eu quero respeitar

Estaremos na estação certa
Em algum lugar
e época

E eu poderei continuar
te amando mais
em cada uma delas

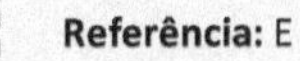

Urano em quadratura

⛢

Senti alívio

Quando me ficou esclarecido

Que tenho traumas por ser humano

E não porque tem algo de errado comigo

[1/6]

Eles disseram "Aja normal"
E eu disse que agiria
como alguém normal
Eles disseram "Você é normal"
Mas, naquele momento, eu sabia
A reposta era "não"
E, se quer saber,
No fundo, no fundo
Isso não me soava mal.

Urano em quadratura
Hino para os deslocados

Um sim
Para quando tudo dentro grita não
Há um chamado interior
Percorrendo sua mente
Todo dia
Cada noite.

Você finalmente
estende a mão

E com isso
A quem pudesse dizer
"Gesto tolo",
Eu digo:
Talvez eu crie problemas
Mas não criamos todos?

[2/6]

E se é inevitável sofrer
Que ao menos eu possa escolher

Mergulhar nessas alegrias
Dores e amores
Defender o real
Já real
A desmanchar em rotinas
de lesões e dissabores
A defender protótipo evolutivo
de baixa densidade
e alto padrão
— Padrão autodestrutivo —
Que modela
quês e quems de todo tipo.
Só escultural
se desproporcional
Não eu
Não oficial

Paciente
Me guardei
Talvez muito que não sei
Mas há beleza
Em algum lugar
Não muito longe
E tão humano
Eu aprecio, apreciei
Me refaz, me refez
Algum dia, contarei

Pode começar hoje
E talvez precise
Porque vaza
Por todo lugar
De toda maneira
Não se suprime
Porque como eu
Tenta ser livre
Como as cenas
de sonhar insistente
Que sempre tive
Que um dia realizarei
Que em mim vivem

[4/6]

Paciente
Me guardei
E como boa bomba de pavio longo
que me formei
Eu explodirei

Deus sabe que tentei
E entreguei
Lágrimas, suor e anos
Pra tentar me encaixar
Encontrar meu caminho
Em escopo pré-definido
Mas esse não é o meu lugar
Essa não é a minha praia
Não são esses meus motivos
E o meu caminho
É rota não tomada
Destino não traçado
Que serei obrigado a inventar
Condenado a ser livre
E firme até demais
Tão firme, que ousado
Sempre ouso acreditar

[5/6]

Replanejamentos
e replanejamentos
Comprando abrigos
Que me parecem senzalas
Mito enjoativo
Segurança forjada
Eu sou meu plano principal
Primeira e única
alternativa

É desistência e vigor

Nos campos da determinação,
as lições da ruptura vêm

Disciplina é um valor
E transgressão,
também.

Aqui pelo desafio
de ser vulnerável

Universo fictício
Onde não é o bastante
Corações esperançosos
nobreza de espírito
e trabalhos voluntários
É o que temos vivido
Isso tem que estar errado

[6/6]

E se a vida se apresenta pra mim
Como um jogo de renúncia
Então que eu perca tudo
até mesmo a cabeça
Deixe rolar
Mas que eu não perca
jamais
a capacidade
de me reinventar

Para adoção

Sorrisos conquistadores
Presentes azuis com fitas vermelhas

Quero ser aceito por quem sou
Não por alguém que tenha que construir
para que isso aconteça
Pois então seria eu
pedra em minha estrada
Fazendo barreira
à riqueza essencial do espontâneo
e à beleza da incerteza
Pois de toda maneira
Já é lúcida e declarada
Imbatível e materializada
minha preferência
Lhe entrego um bisturi
e me deito à mesa
Deixe-me lhe fazer
familiar a minha estranheza

Sorrisos conquistadores
Presentes azuis com fitas vermelhas

Em um mundo tão perdido
Onde tudo tem de ser merecido
Como pode alguém amar
o que não lhe é conhecido?

[2/3]

Quando penso nisso
Só sei o que sinto
Não importa
O que pode ser dito
A sensação
Eu não explico
Eu só sinto
Os movimentos em mim
Sempre me fazem ver
Quanto eu o admiro

Quando eu penso nisso
Penso nos inícios
Pois é isso
tudo que sou:
recém-nascido

Então talvez amar
Seja querer conhecer
Querer ver crescer
Cuidar
Ajudar
E libertar

Uma vez que me descubra
Já haverá no amor nova descoberta
Pois amor é força transformadora
Quebra expectativas e regras
e nos atravessa

[3/3]

E esse é
Como todos, por sinal
caminho sem volta
Estaremos sempre unidos
Ora em meu interior
Ora ao meu lado
Não há um só dia sem você
Espalhado
Tenro, mágico
Puramente humano
Entranhado.

Me pegue
Me leve
Decidido
Garoto homem
Renascido
Se reergue
e Permanece
Sorridente
e entregue

Descarrilho

Sexta-feira
Horário de pico
Estação Lapa

Eu à beira
Pensativo
Dia frio
Cores frias
De passagem
E a paisagem
desbotada

Trem tão abarrotado
quanto minha vida
Uma sensação
específica

Tentando acreditar
Que há beleza
da miséria

Logo após
Me resgatar
Extrair forças
da tragédia

Tentando acreditar
e efetivamente acreditando

[2/2]

Logo após estar
Extensamente
trabalhando
Brevemente
flutuando

Acreditar
Ação ousada
Gesto vital

Um dia
Liberdade será encontrada
por meu talento natural
de transformar uma desgraça

num ato triunfal.

Bruno

*"Difícil dizer.
Importa?"*

Seguindo adiante
Espontaneamente atrás
De distração que se torne paz

Um campo de busca entediante
Mas por um momento fugaz
Você tornou minha fuga interessante
Algo que faria sentido continuar

Sendo sem conhecimento
um tipo de primeiro

Resgate bem-feito
de um prazer
levado com o tempo

Você parecia
Levemente feito sob medida

No mesmo dia
Dose pequenina
de agradável companhia
de triste despedida

Bom papo
Podemos manter contato?
Breve aguardo

[2/3]

De algum modo
Não mais alcançado

Micro ato dramático
Meu coração, dilacerado
Quase encerrado
como esperado

Uma pena
E um recorde conquistado
Curto riso
Não de fato trágico
Mas nunca havia perdido
alguém tão rápido

Visitas inúmeras
ao lugar em que nos conhecemos
Por chances quase nulas
de revê-lo

[3/3]

Vez ou outra
Encontramos
Litorais dos sonhos
e sonhos nascidos
do mesmo encanto

Florestas
e conversas
Quentes
e úmidas
Únicas

Vez ou outra,
uma vez
entre muitas

Fim do jogo
Um caso-relâmpago

Mas antes, só por um pouco

É o que podemos fazer, tentar

Rodeando e rodeando

Procurei por você
em todos,
meu estranho.

Anseio derretido
Voo finito
Sou como **Ícaro**
caindo

Ruir não é algo novo
A queda é sempre tão verdadeira
E uma vez que se atinge o topo
Tudo que resta é a derradeira

Desço tudo que importa
E a descida
É a única a que posso me agarrar
Uma vez que atinjo a borda
O que segue é um atirar

Você pode contar com isso
Conto comigo
Pra despencar

E metros a fundo
quem sabe, encontraria
a esperança que guardo

Ter a sorte de despencar para cima
De cair no momento exato
em que o mundo vira
de cabeça pra baixo

Deixado
à própria
sorte

Atinjo
o grau máximo
de maturidade:
A morte.

Póstumo

"Cuidar enquanto existe
Pois é preciso mudar para permanecer"

Assim reflito
Sentado sobre o seu
O nosso
Meu próprio
Caixão

Com você,
Vivi;
E isso é vida

Sem você,
Morri.
E isso

é vida.

Transição

Ec • di • se

Velhas vestes não me servem
É hora de trocar

[1/2]

Você não está aqui
Acho que é quando mais preciso
Às 3 da madrugada
Sinto falta do meu melhor amigo

A verdade é que,
sem você, não quero
A sensação é de lugar vago,
quando não está por perto

De que adianta sucesso
Se tudo que quero é afeto
Parece que nisso eu nunca acerto
Serei deixado para morrer
Em um deserto
Carniça a céu aberto

Mentalmente inquieto
Enquanto espero
O sonho sempre esmaece?
Eu sempre me quebro?

[2/2]

Seria ultrarromântico?
(eu) Exagero?

Se dizer que
sem você
É difícil aceitar
que isso é o certo

Se dizer que

sem você,
não quero.

[1/7]

Eu acordo com uma dor profunda
no peito
É difícil descrevê-la
Não é um coração partido
Não é a mesma coisa
É um coração inteiro
Que se manteve maleável
A rota inteira
É uma mente que contempla
É uma compilação
Um filme
Representado
Emplacado
Em exibição
duradoura
No cinema
da minha cabeça

[2/7]

Frequente de mim
Traço uma linha imaginária
Que sofro enormemente
Por não poder sustentar
Mesmo que eu saiba
Que eu tenha os sinais
Uma persistência
Se feita independente
de consistência
Me faz continuar

E eu estou
Em frente do que não sou
Da falha de minha mistura
Por tempo demais comigo mesmo
Já não consigo me conectar
Há um universo espiralante
por trás dessas lentes
Ele não pertence
Ele não desmancha
Ele não toma corpo
Mas ocupa tempo
espaço
E ele
não cede lugar

[3/7]

Te amar foi arte

O drama
É tudo que eu sou

O camarim
Onde o espetáculo reside
Ao fim do nosso show
É um lugar
que me faz pensar

Sei que é sobre isso a vida
E ela parece tão plena

[4/7]

Os destroços
São meu habitat natural
Fragmentação
É um processo
de vida

Choro
Choros que
minha criança
nunca se afastou
de liberar
Porque seu lugar de liberdade
Era o direito
de pensar
sentir
e sonhar
mesmo que
sozinha

A sensação
É que ao fechar dessas cortinas
Não quero mais sair da coxia
Eu não consigo mais
Interpretar pra viver
E viver pra interpretar

[5/7]

Oh, se eles soubessem
Eles sabem
Tudo que me ergue
São ideias
Que me especializei
Em bancar

Oh, se você soubesse
Me manter de pé
É parte da peça
É o exercício mais claro
O treino mais extenuante
Meu mais lapidado ato
Meu itinerante
Encenar

Eu estou na ponta dos meus pés
A dança é sempre à beira de um abismo

Você foi a beleza
do que eu não pude controlar
Do que eu sabia
Que era inconvencional
Impactante
De natureza
Própria

Eu não consigo ver a autenticidade
em tentar
me encaixar
Parecem miragens
Parecem pouco
Perto das imagens
Que se sentiam corpo
Por serem tão
Tão alma
Minha coragem se esgota

Sou obrigado a pôr pra fora
A expressar
Pra capturar essa sensação
Porque não vou vê-la escrita
dita ou cantada
A despeito de toda criação feita nesta Terra
Em nenhum outro lugar

O velho paradoxo universalista
De ser singular

E é isso
Erguer história
Folclore
Não mentira
Só uma verdade
E é assim toda verdade
Valorável
Temporária

[7/7]

Luto
E luta
São só a comum sequência
De um caminho
Essencialmente contornar da rocha
A consequência
De que deixo muito por viver
Mas que meus tempos
São sempre **os** tempos

Da minha vida

Só por um momento
Exalto mais os artísticos
Que os bem resolvidos
Os primeiros, me fazem sentir compreendido
Os segundos, só me fazem sentir ridículo
Aos olhos da cartilha do racionalismo
Todo esse vazamento
É ato falho explícito

E se
o mundo onde vivo
Resume-se bem a pragmatismo
conformismo e utilitarismo
E se
eu perder o fio
Ter meu compromisso
abatido
mais pensativo
que ativo
Como se
o objetivo
fugisse ao fixo
Esse pouco popular estilo
Se tornando um vício
Foge ao escopo do bem-vindo
Que faço eu
Se esses dias
Falho em encontrar forças
Pra ser muito mais que isso?

[2/2]

Funcional ou não
É como me sinto
E fazer isso legítimo
Nesse singelo
registro
Me parece
Menos o terror
do desestímulo
E mais
um justo serviço
de um núcleo pacífico
de meu íntimo
de desnudar
esse perene
fluxo contemplativo
Em alguma
beleza de espírito

Mas ao fim de tudo
Você fez um ato de acolhimento
Sobre cada trauma
Ao longo da história
E agora minhas sensíveis cicatrizes
Me fazem
remotamente
lembrar
a dor
O sangramento
E um beijo
de "tudo bem"
simbólico
de um amor
que se importa
em cuidar

[1/2]

Só me dê um abraço
Por mim
E por nada mais

Me dê um abraço
Porque sou um fracasso
E você ainda está aqui
E é o bastante
E satisfaz

A validação que eu buscava
Não era aquela que se ganha

Quando se batem as metas
Ou se alcançam os resultados

Para essa, tão cobiçada
Pareço ter nascido com a manha

Capaz de entregar as respostas certas
De ter os prêmios conquistados

[2/2]

Não, a validação que eu buscava
Agarrada nas minhas entranhas

Muito longe de todas as festas
Era ela

a de que tudo bem ser esse emaranhado

A que vai além da imagem consolidada
A que torna familiar a faceta estranha

E num gesto sublime de "tudo bem" revela
o eu profundo, sensível e assustado

Esse que há em nós
à espera
de ser amado.

Admitamos
A história é cheia de altos e baixos
Existem coisas pelas quais não somos culpados
Existem sinais
nos são claros
de que viemos incompletos
e de que saímos sequelados
Ser humano é complicado

Mas se for pra ser
Que sejamos
A despeito do quão machucados
Com o máximo
que pudermos
de valor
afeto
ética
e significado

A arte
É a linguagem
pela qual
aprendi a falar

Quero ser
parte da beleza
que te faz voltar a ver
lirismo
Que te faz
sentir compreendido
compreensível
e te faz
voltar
a sonhar

Quero ser a peça
entre um e outro
que os façam
comunicar

Quero ser
o artista

Mental
Frames

———

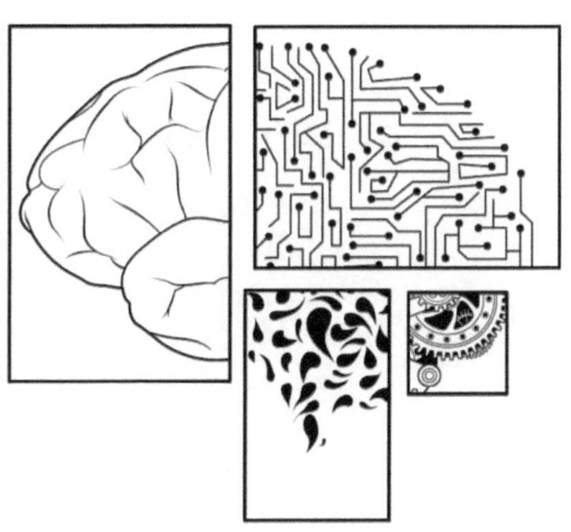

@mentalframes

Quadros de uma mesma imagem
Muitas informações
Entre visões emolduradas
Entre percepções ilimitadas
Te convido a pintar fora da tela

Mental frames

Flerto com ideias. Impressionando-me pela complexidade da mente e do mundo ao vê-los como uma multiplicidade de elementos relacionados/relacionáveis entre si, sou por elas conduzido em meio a uma singularidade plural: penso em diversidade e comunicação. Em diversidade, porque é por meio do contraste que se obtém definição, da diferença que se obtém movimento; em comunicação, porque é o que permite que as diferenças se expressem e se conectem, e que, através da criatividade humana, sejam compreendidas e organizadas da melhor maneira em favor da vida e da construção de conhecimento.

Experienciar a realidade, como sujeito e parte integrante dela, se constitui de um processo individual e coletivo de enquadramento. O conjunto de conceitos e perspectivas que (re)produzimos e (re)ordenamos, enquanto sociedade, grupo e pessoa, nos permite concentrar e interpretar informações em um fluxo contínuo de dados, e nesse exercício encontrar posicionamento.

Em nossas telas psicológicas e ateliês interpessoais, percebemos, projetamos e criamos a nós mesmos e o ao redor. Processos adentro, nos quais atuamos, nos quais somos, reconhecemos em nossa obra as histórias de cada um entrecruzadas nas histórias de cada todo. Registradas, expostas, apreciadas. Orgânicas, expressivas e vívidas. O mundo é nossa galeria. Seja bem-vindo à minha coleção.

Maiêutica

Conversa fluía
Do "acho que é"
ao "achava que era"
No que proferia
se contradissera

O que preconcebia
era tão só
ao que se apega
quem não se arrisca
ao que o vazio revela

Mas entre discussões
Portões são abertos
Porta questões
e se olha de perto

São perguntas nocivas
a respostas tão velhas
Parte da dúvida
o parto de ideias

O que é, o que é?
O que é que seria?

Nasceu a sabedoria
quando ele soube
que não sabia

Alegoria da Caverna

No escuro da caverna
Debaixo da terra
Ninguém sai, mas luz adentra

Homens aprisionados
suas vidas inteiras
de pescoços acorrentados
não viram suas cabeças

Veem o que há à frente
Encaram uma parede
Por detrás deles
a luz chega
De cima de um morro
uma fogueira acessa

Entre eles e a fogueira
uma estrada ascendente
onde um muro se entremeia
sem eles saberem

Do outro lado do muro
transportadores levam estatuetas
Alguns falantes, outros mudos
projetam objetos de pedra, de madeira

Além do eco e das sombras na parede
Os encarcerados nada conheceram
É toda a verdade, assim creem
A eles, homens comuns se assemelham

[2/4]

Eis que então
Um deles se liberta
Se vira e vai à outra direção
Sofrimento lhe consterna

Aprende a mover o corpo
E sente dor em cada movimento
A luz e seus olhos têm um encontro
Há tensão e deslumbramento

Alguém lhe fala:
"Há mais realidade do que as silhuetas que vira"
Sua vista está machucada
Ele mal acredita

Tentam mantê-lo a observar
Mas ele se desvia
Se volta ao que pode fitar
Prefere o que conhecia

O arrancam à força, sobem a encosta
Ele se queixa, contrariado
Só o soltam do lado de fora
Livre e de olhos ofuscados

A princípio, se limita aos vultos
Depois, aos reflexos na água
Os próprios objetos vêm por último
E depois, o dia e a noite estrelada

Poderá o sol contemplar
Saberá que ele tudo governa
Tudo o que ele pôde admirar
Que nunca enxergara em sua caverna

Lembrará dessa época
De seus companheiros, coitados
Uma experiência soturna
Enclausurados e ensimesmados

Ainda se prêmios e louvor
Lhe oferecessem pra que insistira
Preferiria sofrer como um lavrador
Do que viver como vivia

Se voltasse àquele lugar
As trevas o cegariam
Ninguém iria o escutar
Ele nunca sossegaria

Poriam-se a lhe culpar
"Sair te estragou a vista"
E se continuasse a tentar
Alguém o mataria

Agora, podia comparar
o mundo e sua caverna sombria
A luz solar
e a lareira em sua travessia

[4/4]

A subida fora
a ascensão de sua alma
E embora ao subir se sofra
A elevação é necessária

No mundo inteligível
A ideia do bem é a última a ser apreendida
Apreendê-la é, porém, conclusivo:
é a causa de tudo o que de reto e belo exista

No mundo visível
ela engendrou a luz;
No mundo inteligível,
é ela que a soberania conduz

Dispensa a verdade e a inteligência
E é preciso ser vista
para que se haja
consciência
pra que se aja
com sabedoria

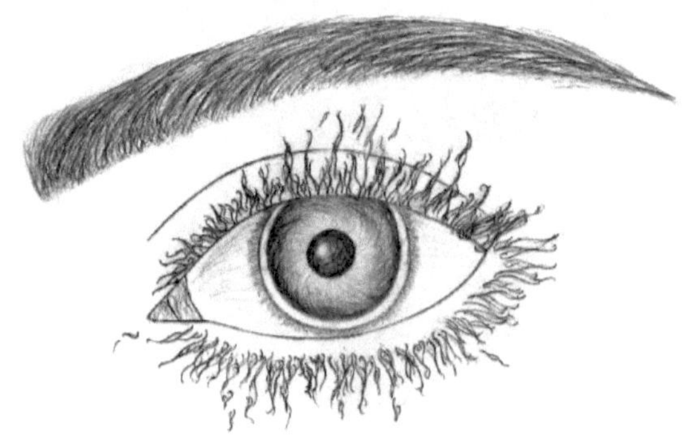

(Aquiles e a tartaruga)

Outros gêneros

O mundo é grande, mas meu sistema métrico se
ocupa do que há nele de imensurável.

De: Mim
Para: Eu mesmo

(O que) Senti do (sentido)

Eu já senti medo de não conseguir o que queria. Há objetivos que dependem de planejamento, persistência e sorte, essa então incluída porque sei que azar e imprevistos existem e causam seus efeitos; contanto que as condições sejam neutras, o trabalho ao longo do tempo é a principal alimentação de um desejo aspirante à experiência.

Conforme os impasses, os contornos. Deixar de tentar pelo futuro duvidoso é ignorar a vontade certa. Envolvente de sentimentos, compromissos, condições específicas, o esforço que encontra <u>sentido em si mesmo</u> não é perdido, pois mesmo que não resulte no exato (gostaria de dizer que vai), é uma capacidade executada, um desempenho registrado, que já exerceu sua função e, futuramente, pode ser reabsorvido se necessário.

Parte do que queremos depende de nós, parte da sorte e parte de predeterminações. Algumas oportunidades são dadas, outras conquistadas. Embora limitações existam, tentar é se sujeitar a criar, construir e adaptar, a exemplo do mundo, que continuamente o faz. Questão de probabilidade, ambas as tentativas se encontrarem.

Eu, particularmente, não acredito em justiça divina, energias positivas ou conspiração. Creio, sim, em positividade e fé, mas pensadas em dimensões individuais e subjetivas. Ações fazem acontecimentos e pensamentos os antecedem. Basicamente, pensar ajuda a tomar decisões e decisões criam caminhos até objetivos, é nisso que acredito.

Se eu puder me aconselhar, digo-me a ter foco nas certezas e não nas dúvidas. Minhas "certezas" são que vale a pena conhecer, imaginar, sonhar e amar. Não vale a pena se colocar para baixo, se autossabotar porque existem riscos. Vale a pena fazer valer.

Alguns dias são melhores do que outros. Algumas épocas são mais fáceis do que outras. Vivi algumas partes do que é ser eu, viverei outras. Fui vulnerável, descobri forças. Já encontrei, já perdi, e ainda procuro.

Já quebrado
Já inteiro
Já organizado e bagunçado
E ainda misturo

Eu já senti confiança de
   já senti conseguir o que
      o que queria

E ainda vou.

De: Mim
Para: Meu amante de longa distância

Distra(z)ido

Você disse que está tudo bem em estar longe, porque me sente por perto, porque estou aqui todos os dias. Mas quando converso com você, eu não sinto que está aqui. Eu sinto que você está em outro lugar. E você está.

De: Mim
Para: Eu mesmo

Emortificado

É como se antes, quando achei que estivesse morrendo por dentro, na verdade estivesse morrendo por fora e sentindo luto por dentro. Como se só agora morresse mesmo por dentro e não houvesse alguém para sentir luto com tanta luta do lado de fora.

Sinto meu corpo esfriar como se os combustíveis tivessem acabado. Pela primeira vez, não faz calor e eu sei que não morrerei congelado. Em um minuto de silêncio, o futuro de faz de conta não me é tão importante e o passado sai de seu fluxo de ressignificância. Minha bolha de alegria ainda é frágil, mas de repente a vejo ao meu lado ao invés de ao meu redor e sinto que, talvez, flutue por mim mesmo.

Minha alma é livre. Algum dia, há de libertar meu corpo. O mundo é grande, mas meu sistema métrico se ocupa do que há nele de imensurável. Do finito, admiro o durável; dos fins, dos começos, admiro os meios; do esquecimento, admiro o lembrado, os que lembram e o lembrar. Talvez seja essa fragilidade a delicadeza da vida: ter os pés na cova e a cabeça no paraíso.

Sete palmos abaixo

Não é isso em si
É o antes disso.
Sabe quando você cava
Cava, cava, cava
e, de repente, você encontra

Para enterrar um corpo?

Para desenterrar uma alma

Encontra o quê?

Eu.

... Soterrado, para variar ...

"— É complexo"

— Acho lógico imaginar que se você pensar muito, vai ter respostas bem pensadas. Não necessariamente pela quantidade, mas talvez pensamentos contraditórios refinem um ao outro. Por exemplo, se comermos muitos doces, o primeiro deles terá um sabor mais intenso ou chamativo que o último, mas se comermos algo azedo e depois doce ou vice-versa, o sabor seguinte é realçado. A capacidade de misturar pensamentos pode ser muito enriquecedora

— Mas muito complicada

— Ahuehauahah, isso é

"Por que não comigo?".

Tem muitas histórias que me fazem pensar que ninguém merecia passar por certas coisas. Acho que a percepção do mundo como não-justo (e não-injusto) é dura, mas me faz ponderar que se é a criatividade e a vontade das pessoas de superar as injustiças que torna quem são e o que vivem justo, então a justiça é uma das mais impressionantes e libertadoras responsabilidades humanas, da qual ninguém deveria ser levado a abdicar.

Eu gosto dessa frase porque quando é admitido que algumas coisas podem acontecer a qualquer um, a meritocracia cai, a empatia se intensifica e a consciência aumenta. Merecimento se torna questão de contexto e a humanidade em organização consciente por respeito, igualdade e livre associação, se torna seu fundamento.

Acho que é realista admitir que todos os homens estão acima da lei, porque a lei é feita por homens, que a justiça só existe artificialmente e que, por conseguinte, julgamentos não atingem o inegociável (como sentimentos), divergem moralmente e só cumprem sua razão de existir quando realmente consentidos ou alinhados à ética.

Ajusto

"Eu não acredito que as coisas sejam exatamente boas ou más, justas ou injustas. No fim, só existem infinitas oportunidades. Aceitar as que surgem não significa que eu consigo aceitar que são as únicas que posso ter — e tentar faz doer muito mais."

Compreensão

Pessoas têm limites. O relacionamento com os
outros é como um objeto constituído por lados
diferentes. Ainda que você o veja de um jeito
totalmente diferente da outra pessoa, você não
consegue mostrar seu lado o dividindo, porque
dividir não deixa as coisas mais claras quando a ideia
é unir. Dividir uma relação é o mesmo que quebrar o
objeto, quando tudo que você precisa fazer é virá-lo.
Ao fim, cada um está sob seu próprio limite de visão,
encarando seu próprio lado da história.

Gerência das gerações

Cada geração tem sua propaganda, arte e ciência. Quem nasce em uma época tem mais chances de ouvir o que é dito nela do que o que foi dito nas anteriores. Se cada indivíduo é único e só por isso cada grupo o é, então o novo e adiantado vem literalmente a nascer e o velho e atrasado a literalmente morrer.

É difícil imaginar abordagens necessárias para contrariar de forma potente quem surgiu e se desenvolveu com uma narrativa que lhe pressupôs a necessidade de segregar e intimidar. O fato de existirem narrativas diferentes tomando força pode nem sempre ser capaz de mudar a visão de mundo absorvida no passado, mas marca um senso de conflito de ideias no presente, muito sensível a quem vem a se construir nele.

As sociedades mudam mais perceptivelmente ao longo das gerações. Individualmente, comunicadores e inventores possuem uma participação amplamente reconhecida, pois criam suportes que atingem grande números de pessoas e obras que lhes impactam diretamente. Em vista do fato de que tudo que criamos seja sempre interpretado e utilizado por pessoas, é que deveríamos receber uma educação cada vez mais humanista.

Pensamentos contrafatuais

"E se...", as duas palavras que imaginam todas as condições e todas as probabilidades. Seriam elas a origem de todas as realidades?

Pensamentos contrafatuais são hipóteses levantadas a partir de alterações mentais no passado e comparações entre o que é e o que poderia ser.

O mais pequenino detalhe poderia modificar todo o sistema. "Se não fosse assim...", "Se eu não tivesse conhecido...", "Se eu não tivesse feito...", "E se fosse?", "E se eu conhecesse?", "Se eu fizesse?", "O que aconteceria?", "Quão previsível isso tudo seria?"

Tentando mudar ou entender eventos, simulamos diferenças e os impactos que essas teriam em suas estruturas, causas e consequências. Dessa forma, reinterpretamos os fatos, criando com eles novas afeições ou nos preparando para situações semelhantes que possam vir a acontecer.

Afinal, se pudéssemos viajar no tempo e alterar o que passou, que distorções provocaríamos? Causaríamos fins apocalípticos como os das ficções ou consertaríamos todos os erros? Valeria a pena? Descobriríamos mais ao retroceder ou ao avançar?

Sejam quais forem as respostas, por enquanto estamos limitados a distorções apenas no presente, que não são poucas. Na verdade, talvez sejam até infinitas: cada decisão, além de criar uma reação em cadeia, representa uma versão específica dos acontecimentos, entre muitas outras imagináveis.

Em múltiplos universos e variações do mesmo tema, temos a chance de explorar uma mesma essência. Antes de existentes, as oportunidades são, muitas vezes, pensadas, nos dando um pequeno gosto do incomensurável potencial que há no inteiro infinito — e, por consequência, em nós mesmos. Através dessas possibilidades, além de materializarmos o abstrato, encontramos sentido nas coisas como são e sonhamos com o que podem se tornar.

Treino cognitivo e escolas destreinadas

Capacidade cognitiva se treina. Deixar de lado uma rotina que a beneficia a enfraquece. Um corpo malhado de academia não dura quando a pessoa para de se exercitar. Uma mente que não se abre, fecha.

Histórias de "escola ruim, aluno bom" tem um motivo para chamarem atenção. Considerando que dormimos 8 h e passamos 6 h na escola, pelo menos 1/3 do nosso tempo acordado é gasto em uma instituição de estudo. 1/3 todo dia é um 1/3 de anos e, até dado momento, 1/3 de uma vida. Quanto você acha que uma pessoa perde por educação de péssima qualidade?

Eu sinto muito. Sinto muitos. E não sei como juntar tudo. Então, sinto um de cada vez. E como cada um tem um sentir, tudo perde o sentido rápido demais.

As vozes na minha cabeça: os vários eus

Eu sinto como se existissem muitas visões de mundo sendo construídas dentro de mim e eu experimentasse uma a cada minuto. Eu literalmente penso algo que faz muito sentido, e logo depois, não faz. Eu me sinto mentindo para mim, porque é como se cada novo pensamento tornasse o anterior uma mentira ou fantasia

E eu estou nervoso, aí estou calmo, aí estou triste e depois rindo. Não de um jeito normal. É muito rápido. Às vezes, eu sinto que estou pensando demais, como se houvessem camadas de pensamento, como camadas de áudio em um programa de edição. Às vezes, faz com que eu sinta linhas de raciocínio quebradas e confusas.

Não acontece sempre. Especialmente, não acontece quando tomo café. Talvez tenha a ver com disposição ou exaustão. Talvez, seja sobre concentração.

As Olheiras

Acabo de me olhar no espelho e sinto afeição pelas minhas olheiras, quase como se fossem uma roupa que não largo porque gosto muito de vestir. Talvez por serem as primeiras peças que vejo ou por me acostumar ao acessório, venho mantendo-as como parte de um estilo.

Autoautar

Muitas coisas fazem sentido. Começo a me questionar sobre os meus significados e a possibilidade de ressignificar a vida dependendo da necessidade. Isso assusta um pouco. Faz parecer que estou fora de mim. Elaborando um personagem para mim mesmo, segundo uma peça que eu e o universo escrevemos ao mesmo tempo. Isso é um contato profundo com minha própria humanidade e a multiplicidade de ideias e sensações humanas ou uma artificialização de mim mesmo?

A autoconsciência como instrumento de construção é natural ou elaborada? É parte de sobreviver naturalmente ou resultado das exigências feitas ao homem moderno, inclusive força de espírito e saúde mental?

Tsunami pessoal

Tomo um longo fôlego e me entrego ao peso das ondas. Eu me sinto sufocando no meu próprio mar, mas não consigo evitar afundar, porque amo os mergulhos e nadando nas profundezas consigo afogar as mágoas, perder de vista as lágrimas, e só então me sentir leve para voltar à superfície.

Intenso

Às vezes nossa cabeça cria muita coisa forte e
sofremos até mais do que está acontecendo, mas
pensa que há muito a ser levado em consideração e
também pode haver surpresas boas em surpresas
ruins, coisas que nos fazem lembrar o que não
deveríamos esquecer e que toda essa intensidade de
emoção é uma vulnerabilidade que nos faz fortes.

O artista destreinado

Era uma vez um artista destreinado. A arte, um fluxo
apaixonante; ele, um amante descuidado. O mundo
ao seu redor era menos artístico que sua alma,
então ela criou um mundo em si, para ter aonde ir,
buscar forças, esperar sua hora.

Ele sabia que a vida era mais do que lhe
reproduziam; porque a vida não é relatável, mas dela
se cria. A vida era mais, e a arte, seu próprio viver. O
artista era artista, quisesse ele ou não, à arte se ater.

Laranja, marrom e rosa

Entardecia e ela voltava de mais um longo dia de pesquisas. O sol caía no horizonte como o ar que caía em seus pulmões. Apenas uns bons minutos de caminhada, enquanto a exaustão se diluía a sua volta, deixando de rastro, na atmosfera, o manso frescor de graça e desapego, já então um velho amigo.

Ela abre o portão. É como sempre fôra, mas tão diferente. Aquele lugar já nascera velho. Com suas paredes rústicas, seus ladrilhos craquelados pintados de vermelho. É como sempre fôra, mas o tempo passara como se passa nessas ocasiões em que o destino parece tombar uma obra e mesmo sua ação vem a se converter em ausência de conversão. Era a forma como nada mudara e o fato estampado de que, para um mundo vivo, apenas com a mudança, se pode permanecer. Era o quanto de vida lá havia, vivo apenas para não morrer.

Naqueles domingos sorridentes, em seus sonhos reluzentes. Naquela sala, um menininho correndo. Naquelas paredes, todos os seus segredos. Naquela lareira, um incêndio inteiro. Naquelas noites, jogos e brinquedos. Naquelas brigas, zelo e receio. Mas era naquele espelho empoeirado, o lugar certeiro. Em frente a ele, era ela aquela alma, firme, mas ainda envolta num nevoeiro.

Ela acende um cigarro, como que pra matar a dor nos nervos. Como que pra matar a dor no peito.

A forma como jantar lhe foi uma refeição banida por tanto tempo. Pois a lembrava que ele não dormia enquanto ela não estivesse de bucho cheio.
A rotina em família. A forma como ela não entendia
Por que ele tinha que partir tão cedo

Desaparecido, ela nunca mais teve notícias. Ela apenas volta todos os dias, na casa em que já não mora. Visitas de cortesia a parte de si desabrigada, com a qual desde então convivia.

Era engraçado como aquele seu ritual simplesmente... existia. Era como um dos museus, que ela tanto adorava, da sua própria vida. O sopro e sufoco de uma vida feliz e interrompida.
Como se o passado fosse agora tudo sobre sua rotina. Milhares de anos atrás, e uma década que não pareceria ter passado nem em dez vidas.

Vai, volta, revolta — já nem sei. Pode ser tristeza, raiva, dor, pode ser amor. Pode ser natural. Transformar e lutar, um processo liberal. A revolução que habita em mim pode ser um conjunto de revoluções. Revoluções para fora, revoluções para dentro, revolução no limite e no entendimento. É abrasivo, é comovente, revolução é aparente. Talvez já tenha sido revolucionado por causa de outros, contra outros ou junto a outros. Revoluções em mim, revoluções em um povo. O contrafluxo é necessário, quero ir a todos os lugares, ver o que puder ver — e tanto mais é possível com outros olhos. Revolucionário é meu pensamento, mesmo a desconhecer direções, ou meus sentimentos, em quebras, e misturas de sensações.

Vitri(não)

Eu sonho.

Tão cheio de sonhos sou quanto cheio de mim.

Sou preenchido de muitos eus.

Sou preenchido de dualismos.

Minhas emoções, minhas razões

Meus prantos, meus risos

Meus sonhos, minhas realidades.

Eu realizo.

Sonhar poderia ser uma estratégia para evitar a vida, se não fosse tão facilmente o que me motiva a viver.

Sonho sonhando. Fantasio o absurdo, detalho o improvável, me liberto em meu mundo.

Assim posso, assim faço.

E do outro lado, sei que há outros fatos.

Acordar poderia ser uma estratégia para aceitar a vida, se não fosse tão facilmente o que me permite recriar o viver

Realizo o real. Aplico a lógica, vivo o vivível, me conduzo em nuvens de concreto duro.

Assim posso, assim faço.

E de ambos os lados, o amor teve me tocado.

Talvez fosse fácil se a vida não fosse tão irônica.

Porém o absurdo, de tão sonhado, faz ponta no real.

As coincidências vêm de súbito.

De repente, um detalhe específico se faz presente nos dois mundos.

Eu deveria estar acostumado, mas é difícil entender. Por quê?

É como uma vitrine.

Vestes tão sob medidas.

Um preço que não posso pagar.

Eu quero, eu vejo, eu quero, eu não posso pagar.

Tantas vezes, tantas decepções.

Tão provocado a acreditar.

Questiono os meus significados.

Afinal,

Quando os meus opostos

Poderão se abraçar?

Sabe quando as coisas só são

E não é sobre a simplicidade, nem a complexidade
delas

E só sobre o fato de serem

Assim como são

E você pode só sentir

O toque da existência

Por um ângulo especial por si mesmo, um tipo de
satisfação pelo fato de algo apenas se encontrar ali

Como uma contemplação

do próprio ser

e de existir na existência daquilo

Uma sensação de ambas, dissolução e pureza

De existir em coexistência

Eu estava pensando em te chamar e de repente
pensando em você e de repente pensando que você
existe

Gosto que meus pensamentos existam

Tornam interessante estar na minha cabeça, muitas
vezes

Me perguntava: o que será que você mais gosta em
você?

E pensei

Que bom que você existe

É uma das coisas, das pessoas, que gosto que existam

E eu poderia pensar

Pensar muito sobre

por quê

Mas acho que a coisa nessas coisas

Que a gente só se pega, de algum jeito, apegado

É que elas só estão ali, como estão na gente

Para além da simplicidade e a complexidade delas

A maneira como

Cada coisa é como é, e só flui

E só vai, e só existe

Como um rio

Talvez um rio intuitivo

Que nos leve

E se misture conosco a travessia inteira

Formando o movimento

De quem, do que

E de com o que

Estamos vivos pra ser

Olhar para o futuro não parece fazê-lo feliz. Você pensa nas coisas que quer, e em como não tem o plano infalível para alcançá-las. Você pensa nas coisas que não quer, e em como não tem o plano infalível para evitá-las. Você tenta controlar sua mente, tenta controlar seu corpo e tenta controlar seu trabalho, apenas para esquecer que não pode controlar a vida, o mundo, tudo.

Você tenta fugir da realidade com seus sonhos, expectativas, planos e metas. Você tenta fugir da sua vida real, para uma vida inventada, e de algum jeito, se sente perdendo o melhor das duas delas.

Você replaneja o tempo inteiro. Você conta cada acerto e erro. Suas expectativas são altas e quando os baixos chegam, você se reconhece insatisfeito. Triste por dentro. Esperando que, do nada, tudo possa mudar.

Você se compara com os outros e se sente tão pequeno.

Há tanto que você queria, do lado de fora, que você perde a noção do lado de dentro.

E é um mundo tão perdido, tão injusto, desigual e em sofrimento. Você gostaria de salvar vidas, de mudar rumos, de poder mais a favor de muitos.

E você é tão crítico. Você não pode relaxar. Remoendo intenamente coisas que te aprisionam porque não as deixa escapar.

Mas talvez, você não precise calcular cada passo, nem ir tão abaixo. Talvez menos que o máximo seja bom, descanso é necessário.

Talvez você possa ouvir a sua consciência mais vezes e confiar na sua intuição. Nem tudo precisa ser complexo e você não é louco por ouvir o coração.

O tempo passa, as coisas mudam. Talvez tudo bem não ter todas as respostas do amanhã agora, porque ele pode ter outras questões.

Talvez o presente possa ser um presente e não um sacrifício. Talvez a naturalidade vença o automatismo. Você sabe melhor do que ninguém que organizar deve te fazer bem, não ser a concentração da sua apreensão.

Talvez sair da cama possa ser tão bom quanto ficar. Talvez sonhar não precise ser uma distração. A verdade é que o melhor da vida, a gente nem imagina. Pode ser uma alegria ter a cabeça alada, enquanto é uma alegria ter os pés no chão.

Ninguém vive sem expectativas, mas quem sabe esperar menos da vida não a torne mais bonita? O mercado não te contaria, mas a ganância precisa estar dez passos atrás da gratidão.

O que se é importa mais do que o que se tem. Talvez fazer mais com menos e aproveitar as cartas que temos seja a diferença mais importante em um mundo de estímulo constante.

Talvez você deva começar sendo um herói pra si. E fazendo o que ama, mude muito mais do que pode pensar. É um mundo muito grande, apenas porque cada unidade a compô-lo importa.

E quando puder ser mais leve, talvez enfim consiga flutuar. Porque o otimismo não irá o decepcionar, se a positividade for questão de se doar, em vez de exigir, de querer levantar, quando cair. De estar para cima, não pela chance de controlar, mas de sentir que vale a pena ir aonde a vida levar.

Talvez, você só deva ir.

Talvez, ao invés de tentar ser perfeito, você devesse tentar ser feliz

Rito de passagem

Rito de Passagem

Aceitar que o universo é bem mais amplo

Repensar o atravessado
Encontrar meu espaço
Te deixar no passado

Ressaca

Rombo relacional

Os assessores de investimentos
com quem trabalhei
Não saberiam estimar
o quanto você valia
em meus índices afetivos

Ainda pago os juros
por todo crédito
que te dei
Sem ter feito
com mais afinco
a análise
de seu perfil
de risco

Me convencerei
Estar tudo bem
Em não durarmos

Direi
ainda bem
E não será um buraco

Solitário

Meus preferidos
Gostam de ser solitários
Mil vezes prefiro
Antes só
do que mal acompanhado

Um dia quis
Pertencer e me inserir

Mais tarde
é que vi:
o temporário
sempre me invade
E prefiro assim

[2/3]

Envelhecemos para descobrir
Que a maioria das nossas preocupações juvenis
são mesmo insípidas

Receberei como bênção
que me percam fácil
de vista

As regras do jogo estão erradas
Bem como eu suspeitava
Miramos no progresso
Mas edificamos farsa

A solidão
É como descontaminação

A sociedade
Alimenta uma teia
Que a qualquer momento
a vida
Rainha dos desapegos
Nos força a derrubar

[3/3]

Sozinho
Me sinto
renascido

Não
Eu não quero
participar

Os termos pecam
Minha alma escapa

Não me basta

Não gosto
dos ortodoxos
A repetição
me cansa
A vida é vasta

Alternativos

Específicos
Criativos
e pouco
Conhecidos

Reluzindo
em seus nichos
Os alternativos
são meus preferidos

São eles
Derramando sobre o mundo
Suas melhores observações

Os que seguem suas intuições
E sem margem para imitações
Criam suas próprias composições

São eles
Os experimentais
Em seus melhores
movimentos

Os apaixonados
E autênticos
capturam melhor
os espíritos do tempo

Postos a nadar
contra as demandas de mercado
Serão, em dias mais claros,
Os inovadores e revolucionários

Recompensa
pela proeza
de encontrar
Tempo pra errar
Em tempos de consumo rápido

Os alternativos
são meus preferidos

O mainstream
Não os escraviza

Há pouca arte competente
Entre a arte competitiva

Banamos os concursos de arte
E abracemos os versatilistas

Empresas lucram
Políticos mentem
Famosos deprimem
Expectativas matam

Sucesso comercial
E o topo da escala social
Não significam
Nada

[3/3]

Em linguagem marketeira
Mesmo os mais consistentes
Dirão que são fiéis à marca
A construção de uma carreira
Atravessa a venda
da própria alma

Mas arte real

Mais especial

Ao revés
de incomodar
desinteressados

A base
de apelação

e orçamentos
estourados,

Encontra

De forma natural

os que precisam

ser encontrados.

Cru

Em busca dos modelos perfeitos
Ou então, dos que doam menos

Precisamos crer
que a vida tem jeito

Jovens *cheios de sabedoria*
Convencerão-se em legião
de que pessoas estão inteiras sozinhas
Como se não fosse a própria vida
Um constante preenche-esvazia

Como se interagir com elementos e seres
Não permeasse toda via

Como se a maior parte
de nossos problemas
não fossem só
falta de empatia

Todo trabalho
de natureza íntima
Que nosso sistema
não enfatiza

[2/11]

Todo jovem em fase letiva
Se questionará em tom de crítica
Se aprender o que não se aplica
Não soa uma proposta vazia

Como se relacionar
Cuidar de uma casa
Organizar as finanças
Conversar com crianças
Acompanhar política

Está fora de nossa mira

Como prevenir
adolescências deprimidas
Barrar o bullying
Evitar atiradores
e suicidas
Minar a ansiedade gerada
por uma sociedade
altamente competitiva
em delírios de ser produtiva

É algo que Bhaskara não nos forneceria

Equações de 2° grau são fáceis
Dia-pós-dia
Escolas parecem fingir
não conhecer
a vida fora da academia

A melhor taxa de aprovação em vestibulares
O que isso significa?

Quão robotizados
os estudantes foram
Para serem os melhores
em assinalar a melhor alternativa
sobre a formação do salicilato de metila
funções logarítmicas
que nunca mais serão vistas
Os pormenores sobre
adenina, guanina,
citosina e timina,
e redigir textos engessados
sobre problemas sociais
para os quais
a maioria
nem liga

Afinal, há pouco lugar
pra conexão afetiva
Se a forma de ensino
É mecanicista

[4/11]

Eis por que
o contrabando de Ritalina
se tornou comum
e a despeito de avisos
de neurologistas,
pré-vestibulandos
são hoje
como praticantes de dopping
em atividades esportivas

É preciso estar drogado
Pra se ignorar a ferida

É muito sobre
nosso fantástico teatro
de prioridades invertidas

Mas não diz muito
sobre cidadania

Estudar continua um privilégio
Concedido a uma minoria

Mas haja vista:
Já não ouvimos especialistas
E currículos impecáveis
Significam salários onerosos demais
pras estruturas corporativas:
Diplomas universitários não são
nenhuma garantia.

Famílias se tornam menores
Mas não menos problemáticas
Amar tem custos ferozes
Nossas comunidades vivem aceleradas

Religiões estão impregnadas
de falso moralismos,
aproveitadores
e atitudes fanáticas

Pra quem se importa
Cavar respostas
É uma tarefa
quase sempre solitária

Esclarecidos dirão aos sete ventos
Seus caminhos para maturidade
Mas não suas agonias
em carne viva
em dias de fragilidade

Não as veremos
por detrás das calmarias
que revestem suas vaidades

Seremos quebrados pela experiência
Ao saber que existe mais em nossos dilemas
do que apenas fazer escolhas com prudência.

[6/11]

Mesmo andar sob as pontas dos pés
Um dia não funcionará

Mesmo os que confiamos ao máximo
Podem nos decepcionar:
É o que fará me perguntar

No início
Se o jeito que ele me entendia
Era a prova cabal
De que tínhamos base
Ou se era só
uma boa fase

Se dizem que a comunicação é chave
o que fazer se a fechadura emperra?
Não é que não haja resposta certa
É só que ela está sempre
embebida em névoa

E se sempre tomei a dianteira
se uma vez não tomasse

Ele nos deixaria
para descer a ladeira?
Para nos sujeitarmos
ao desgaste?

[7/11]

E eu deveria ver
Seu desdém e negligência
Como uma sirene em alerta?

Se parecíamos vencer
tantas batalhas
por que não essa?

Ainda deveria
estar à espera?

O que fazer quando um coração se aperta?

Sempre parece mais claro
Quando o ciclo
se encerra

Desnudada pelo destino
Uma natureza complexa

E numa altura dessa
Já não hesito

Em definitivo
Me sinto mesmo
Traído

Por fantasias
de resgate,
escapismo
e carinho
fui iludido

[8/11]

E me iludi
quando segurei
mais que o devido

Pensei que ainda havia jeito
O considerei querido
mais que o devido

Vi com comiseração
Seus delitos

Mais que o devido

Mesmo sendo seletivos
Ainda escolhemos mal
Enredados em nossos próprios mitos.

Então não me diga o que fazer
em quadros de aparência fácil ou simples
Não quando o que a maioria de nós
precisa aprender
é como dançar em meio aos mísseis

As melhores alternativas
nem sempre
são cabíveis.

[9/11]

Buscarei pelos que assumam
o desespero do desfiladeiro

Preferirei os artistas
Por soarem mais verdadeiros

Qualquer um que já se viu
                    [Retratado em poesia
Sabe que a arte é como um espelho
As delicadezas são parecidas
E os golpes são certeiros

("Arre, estou farto de semideuses!
Onde é que há gente no mundo?")

Livros de autoajuda
São postos em esteiras
Nunca precisamos tanto
de suas baboseiras

Me deito
à beira

As estrelas
São excelentes conselheiras.

[10/11]

Eu tenho contado
com psicólogos
e horóscopos

Relatórios astrológicos
sabem mais de mim
que meus amigos mais próximos

Ao fim
até minha youtuber favorita
Deve estar em tentativa

Somos só humanos
Mesmo se a pose
é bonita

Traumas de juventude
Dramas de família
A fragilidade humana
As relações que nos desafiam
A farsa capitalista

[11/11]

Recriminarei
os idealistas
Quando fizerem parecer
Mais fácil do que se verifica

Recriminarei
os céticos
Quando tentarem esvaziar
do mundo
toda magia

Há um projeto maior
Seja ou não
um enigma

A busca pela verdade
Mesmo sendo trabalho
que nem qualquer um prestigia

Me é bem-vinda.

Quero a crueza
da vida.

Gen Z

Estamos finalmente crescendo
O mundo tem girado tão rápido
Não é demasiado cedo
Já somos os novos nostálgicos

Somos os nativos digitais
Os hiperconectados
Nossas relações são virtuais
abraçamos o mundo globalizado

Somos os que foram
das fitas aos discos
dos discos ao streaming

Fazemos nossos horários
Deixamos que o Instagram nos filtre

Selecionamos o que queremos do catálogo
ou vemos o que quer que o algoritmo indique

Bloqueamos contatos
E pularemos o que não nos comunique
Vivemos dentro do filme Click

Nossas corridas
e comidas
vêm por aplicativo

Aprendemos o que não sabemos
Assistindo a vídeos

Estamos construindo
uma máquina do tempo
em registros

Vivemos em outro ciclo

Mantemos as mentes ocupadas
Não precisamos deixar nada pra depois

Fazemos compras às 4h da madrugada
e reproduzimos em velocidade 2x

Sim, temos vivido
em outro ciclo

Mas quando pequeninos
Fomos os da tribo
dos que acordavam cedo
pra ver desenho

E almoçavam assistindo
ao Bom dia & Cia
e à TV Globinho

Fomos de idolatrar Gaga por salvar o pop
A parabenizar Olivia Rodrigo
por tirar sua carteira de motorista

Os donos de nossos maiores hits
Já estão se tornando lendas vivas

Não basta:

Atual e retrô
convivem ainda em paz

Via resgate
de sonografia

Samples,
trends do Tik Tok
e séries old school
desenterrarão mesmo
os sucessos
que nossos pais
levavam pra pista

A diversidade
sempre diz mais

Nada mal
pra jovens que baixavam mp3
antes do Spotify
anos atrás

A música nos alivia

[4/13]

Ainda lembro os sons do MSN
A abertura do Windows XP
O início dos memes
O Orkut a falecer

Fomos dos pendrives à nuvem
O disquete não era da nossa época
Escapamos da Internet discada
E agora o 5G está dominando a Terra

Usuários
É um nome pelo qual atendemos
Estamos em vício
e sabemos

Muitos de nós
fomos criados em apartamentos

protegidos
em condomínios
de um mundo violento

Assistimos atentos
aos efeitos políticos
do ressentimento

E estivemos por dentro
dos ativismos de Twitter
e da cultura do cancelamento

[5/13]

Os lacres
denunciarão nossa idade
Não queremos mais financiar
irresponsáveis

Somos
Jovens místicos
Influenciadores
Integrantes de fandoms
Pessoas não-binárias

Por favor
Não façam da rede
uma zona de combate
E não matem
nossa vibe

Ah
E alguém
pelo amor de Deus
tire o Mornark
da minha timeline

[6/13]

Mesmo os produtos de cultura
Acompanharão
Nossas sensibilidades modernas

Representatividade
E saúde mental
são pautas dessa era

Sem censura, admitimos
Somos perturbadoramente
ansiosos e deprimidos

A realidade é
cronicamente difícil

Não nos façam
demasiado
culpados

Os recentes avanços
Acompanham revezes pesados

Me tornarei rapidamente
Um reacionário
Prestando culto
A um passado idealizado

Me leve para os anos 90
Quando o futuro era uma esperança

Quando a internet estava para ser ferramenta
de contato e difusão de conhecimento
e não de discussões sobre Terra plana

Me leve para quando
a internet era uma fuga do mundo real
E não o mundo real
uma fuga dela

Quando
"Fale bem ou fale mal
Mas fale de mim"
Não era o lema

Quando crianças não eram expostas
hipersexualizadas
Com o sonho de ficarem famosas

[8/13]

Me leve para quando
Babacas que gastam 40 mil
em lentes dentárias
Não estavam no meu *feed*

Nem celibatários involuntários
e redpills

Marmanjos fracassados
que veem mulheres
de maneira vil

Nem crianças e pastores coachs
MCs recebendo oral em seus palcos
Como se isso valesse a nota
ou os aplausos

Pra cada trabalhador honesto

a futilidade
premiada
soará
como piada

[9/13]

Me leve aonde não haja

Vigaristas
causando
com notícias falsas

Charlatões
desencavando traumas pessoais
em nome de curas mágicas

Até crianças se automutilarão
Filhas de uma nação
Psicologicamente danificada

Das catástrofes
Da falta de amor
essa será uma das mais
problemáticas

Um mundo preocupado
tão pouco com pessoas
tanto com as coisas erradas

Entupir de remédio
É mais fácil do que se aproximar

Camadas de orgulho
Não permitirão *cuidadores* de
se tocar

Quando sua casa não é um lar

É difícil conhecer e cuidar de alguém
É mais fácil culpar o celular

E quando o questionamento
sobre o sentido da vida
por demasiado
se aprofundar

Sociólogos dirão
Que nascemos
para o consumo

Teremos a sensação
de que nascemos
no fim do mundo

Se nem o clima
tem conseguido sustentar
nossos absurdos

Teremos como certo
o naufragar

[11/13]

Seremos chamados
de mimizentos

Ao pedir melhores costumes

Os mais velhos
nem sempre têm razão

Diremos
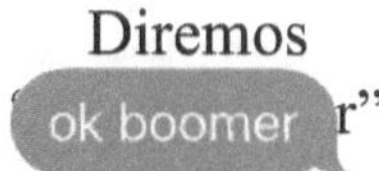

"   r"

E manteremos
a sociedade viva

Assumindo os problemas
que eles não assumem

Nos tornaremos os exigentes
Que tiveram tudo a um clique

Como nós

A democracia
e a ciência
entram em crise

Depois de 2020
Votar em fascistas
É tão cringe

[12/13]

Adultos precisam parar de meter o louco
Nos restará pouco
Dos desmontes
e ciladas

A paridade com o dólar
encareceu a gasolina
A mudança do Ensino Médio
só tornou a mão de obra
mais barata

A previdência teve de ser reformada
Os políticos representantes da geração passada
Sabiam muito sobre encher seus bolsos de
dinheiro
Mas nada sobre mudanças demográficas

Agora só a +a
Terá aposentadoria
garantida

Graças a
contas
e pessoas
públicas
arrombadas

[13/13]

Milleniuns chegaram à casa dos 30
com expectativas não atingidas
e planos modificados

Então de que valem os conselhos alheios
Se a história tem mudado
em ritmo acelerado?

Um minuto de silêncio
Por cada Millenium frustrado

Altamente qualificados
Mas nenhum contratado

Os caminhos foram deixados
Para serem desbravados

Não me sinto pronto
pra ser um adulto sério

A adolescência
têm sido um período
cada vez mais largo

Estamos ficando velhos

Espero que consigamos ser
um dia
mais sábios

Ciberamor

O amor se adapta
ao tempo histórico

Também nos apaixonamos
Pelo que não podemos ver

Minhas maiores batalhas
Estão em plano psicológico

Quem não vive
Acha difícil entender

Eros não está na sala
Foi reinventado
Fora do tempo
e espaço

Em amores etéreos
altamente espiritualizados
e computadorizados

Isso, todavia
Sem pôr ignorado

tudo que existe de sublime
em estar encarnado

Só poderei sustentar
que o toque físico é superestimado
Enquanto não precisar
de seu abraço

Expoentes do Trovadorismo
Concordariam comigo
Que deve ser mal de poeta
desejar um amor impossível

Das cartas
aos e-mails
às mensagens instantâneas

Criaremos termos
Pra cada dinâmica

Em trocas simbólicas
Reinventamos nossos dramas

Aos que não nasceram
No século XXI

Maior alcance
Não significa
Menor distância

Da forma mais inusitada

O amor parece mesmo bater à porta
Quando não esperamos por nada

[3/4]

De outra via
Apps de relacionamento
Não são minha praia

Perfis não definem pessoas

Ninguém fica bem
Consumindo migalhas

Orbitados
por aqueles
com quem
nunca podem contar

Ou os fantasmas
que somem
e voltam
só pra assombrar

Os de longas listas de contatos
Que não largam a tela
Nem pra almoçar

Isso sem extrapolar
às séries de TV esquisitas
de ingênuos ludibriados
por golpistas

[4/4]

Ainda assim
amores batem à porta

Flores surgem
em regiões inóspitas

Ana acolheu meus desabafos
▓▓▓▓ fora meu muso inspirador
e Gabriela pagou minha terapia

Pouco se conserva
Mas algumas conversas
Podem valer o dia

Conexões reais
são mesmo raras

Ainda aprendo
como matar a sede de amor
em modernidade líquida

Minha mãe precisava do feminismo

Derrubadas na herança humana
As dores são diversas
Mesmo se não as passamos na pele
Histórias de família nos atravessam

Se falta empatia às moças
Verão lembrar que todo homem tem
uma mãe, irmã, amiga ou esposa

Minha mãe me conta

Que na sua época
Sua referência única
de trabalhadoras
eram suas professoras

Como aprendeu
a ser uma boa doméstica
cuidando só, de todos os irmãos
por ser a filha mais velha

Como cresceu acostumada
à pressão e à humilhação

Minha vó lhe disse apenas
Que ela estava mensalmente doente
Quando ela teve
sua primeira menstruação

[2/5]

Na época da escola
Denunciou por assédio um professor
Mas nada mudou
Nada fizeram com ele
E ele a reprovou

Sei que ela não é a única
com uma história de quase ter sido estuprada
ao ver a multidão dissipada
e voltar para casa solitária

Ela casou-se aos 20
E compôs família

Queria ser mãe
Desde pequenina

[3/5]

Passou mal bocados
Com meu pai, seu marido

Ele tinha problemas sérios
com alcoolismo

Suportou a violência
e a fome
com os filhos

A qualquer um que diga
que há mulheres que gostam de apanhar

Verão lembrar
Que ser sustentada não significa ser protegida
Há mulheres sem rede de apoio, grana
e lugar pra se abrigar

Ninguém escolhe sofrer
Porque vê nisso graça.

Ambos foram vítimas
da psicofobia

Meu pai foi desacreditado
graças à bebida
e minha mãe
pelos remédios tarja preta
que consumia

Meu pai ainda guarda a medalha
dos Alcoólicos Anônimos

E hoje
Já faz muitos anos
que ela não desmaia
da epilepsia

O estigma mata

Pessoas podem se recuperar

Eles puderam encontrar
sobrevida.

Mal tenho em mente
Quão surpreendente

Que o que poderia ter sido
a história de uma codependente
só a tornou uma mulher
resiliente

[5/5]

Que só após a maturidade
Lhe chegaram os dias de festa

Minha mãe foi como um tipo
de Cinderela moderna

Encontrando perdão
para suas mazelas
Através de toda sua linhagem ancestral

Como terapeuta
Teria adorado a companhia
das bruxas que queimaram na fogueira

Ativistas
Feiticeiras
Sufragistas
Guerreiras

Superam
com frequência
o papel social

Em seus caminhos
de cura espiritual

Sete cores de sangramento

Se mágoas profundas
Pudessem ser sentidas

Através
da tecitura
social
que a linha
invisível
do destino cria

Comporiam fractais
de memórias
traumáticas
com os cacos
de dignidades
fragmentadas
e perdidas
Refletidas
Em alma coletiva

Permeadas por
Figuras diversas
Igualmente ofendidas

Reluziriam
Formando
vazante
Em um curso
de passagem contínua

Se pareceriam
espectro
harmônico
decompondo
o brilho da vida

Feitas à imagem
de uma subversão colorida
hasteada
como insígnia.

Cores vibram
Em carne viva

Como a hemorragia interna
De comunidades perseguidas.

[3/16]

Sobre os registros
cujo acesso nos cabe,
Vasta base
de barbárie,
Deixados como escombros
de nossa passagem,
Exploradores eficazes
Encontrarão sem dificuldade
Uma infinidade de exemplares
de desvalidos cujas almas
jamais foram prioridade
Recolhidos à margem
em calamidade

Arbitrárias
noções de moralidade
abrigam cadáveres

nos porões
da humanidade

[4/16]

Nos anos 30

Grupos homossexuais foram liquidados
Quando o nazismo entrou em ação

Já antes represados

Homens gays foram deportados
para campos de concentração

Com seus corpos marcados
com triângulos rosas
para sinalizar a condição

Considerados
Fracos e efeminados
Vergonha para a nação

Nos anos 80
Nem para todos
o surto de AIDs
gerou comoção

A morte de milhares
Era a *peste gay*
cumprindo bem
sua função

Para tempos modernos
Vale ser lembrado

Muito embora o tratamento
gere menos ceifados

E saibamos tratar casos
com atenção

Só pro HIV já há remédio
o estigma
segue sem ser medicado

Ainda não erradicamos
a descriminação

Os pacientes
de desejos indesejados
que com anuência legal
Foram submetidos
a choques,
fármacos
e pornografia
para serem curados

Estão distantes de nós
apenas por 30 anos
do passado

Hoje assistimos aterrorizados

Quando não aos vulneráveis
cotidianamente
isolados ou humilhados,

Aos covardemente espancados
e barbaramente assassinados
nos noticiários

Desolados pelo fato
de serem esses casos
apenas mais alguns
de todos os sustentados
por um longevo legado
de um desprezo entranhado
não superado

[7/16]

Em 1895

Oscar Wilde foi condenado
a trabalhos forçados

E vir a ser um ícone literário
Não impediu seus filhos
de terem seu sobrenome apagado
para não serem desonrados;

Em 1954

Aniquilado
Pela mesma covardia

Alan Turing teria ingerido cianeto
por motivações suicidas

Morrido por envenenamento
Após sofrer castração química
condenado por sodomia

Essa a recompensa oferecida
por uma sociedade doentia
ao pai da computação
ao decifrador dos códigos nazistas

Punidos como indecentes
Mesmo com as consciências limpas

Não somos humanos ainda

Tratamos pessoas
como coisas

Ser diferente
é suficiente

pra que sofra;

Perversos
Delinquentes
Hereges
Doentes

Pintados
como promíscuos

E tratados
como escória

Somos mais uns
entre tantos
injustiçados pela história

Os que vieram antes de nós
Estavam nos guetos
Pra não estarem nas covas.

[9/16]

Sob sanções
e ameaças

Críticas
veladas
e condutas
mal interpretadas

Teremos constantemente
Adolescência roubadas
e identidades apagadas

Mas saberemos
Por cada voz calada

Que se nossa presença incomoda
Então ela é necessária.

[10/16]

Quando feridos
em nossos desafetos mais íntimos,

Desde cedo reprimidos
romperemos com pais abusivos

buscando redenção
de nossos passados doloridos

Porque precisamos sair da mesa
Não importa o quanto seja difícil
Uma vez que limites sejam atingidos
e amor não esteja sendo servido

[11/16]

Com a consciência sombria

de que por terrível sina
de uma cultura ferina

Sexo e gênero definem
quem vai e quem fica.

Por aqui
Trans têm
só metade
da expectativa de vida

Que ironia
O país lidera
o consumo de pornografia
da categoria.

Uma hipócrita
ironia
Um delito
estatístico

que seus corpos
sirvam para o fetichismo
mas não
para permanecerem vivos

no país que mais mata trans
por 14 anos consecutivos.

[12/16]

Talvez nem tantos fossem mortos

se não aceitássemos
o desconforto óbvio
de a câmara dos deputados
não punir atos transfóbicos

É 2023:
LGBTfobia
e LGBTfóbicos
Já deviam soar
retrógados
de todos os modos

Para que possamos lembrar os mais antiquados
Em seus momentos de remorso
Que nenhum contexto histórico
Jamais justifica o ódio

Castrar alguém por amar
Ainda é um ato sórdido
Posto ao lado
de qualquer relógio

[13/16]

O caos contemporâneo
E a busca pelo amor universal
Justificarão porque continuamos lutando
50 anos depois de Stonewall

Termos ressignificados
Uniões consumadas
Direitos conquistados
E vidas salvas

Tornam o orgulho real.

A exposição
em holofotes controversos
E as ameaças de retrocesso

Explicam por si só
por quais razões
Não ficaremos quietos

A pedidos de "sejam discretos"
Faremos questão de sermos honestos
Até não haver razão pra estarmos encobertos;

[14/16]

Resistiremos à censura
Até que todo ódio esteja vencido
Pois quando se para de andar de mãos dadas na
rua
Andar de mãos dadas na rua se torna proibido.

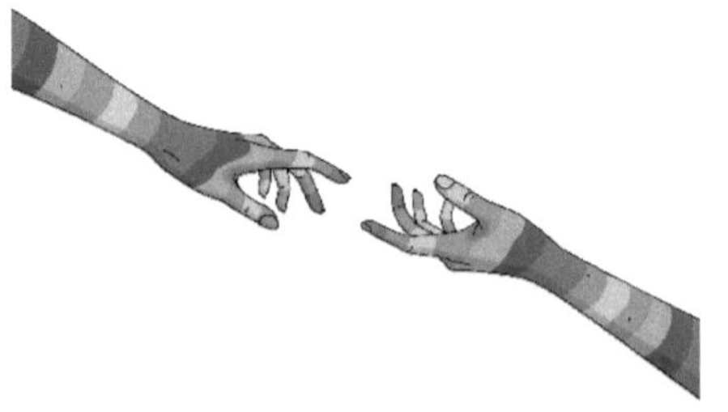

E quem sabe um dia
apps de relacionamento

não estejam recheados
de casados sigilosos
e foras do meio

E quem sabe um dia
Ninguém tenha medo.

[15/16]

O pânico moral
não faça vítimas

propagado
por falsos profetas
e políticos eleitos
à base de mentiras

Jovens LGBT não receiem
não serem acolhidos
em suas próprias famílias

Ou sintam agonia
no olhar delas
de saberem que terão que lidar
com uma nação
pouco receptiva

[16/16]

Longe do terror
à toda forma de amor
Façamos justiça

Quem sabe

um dia

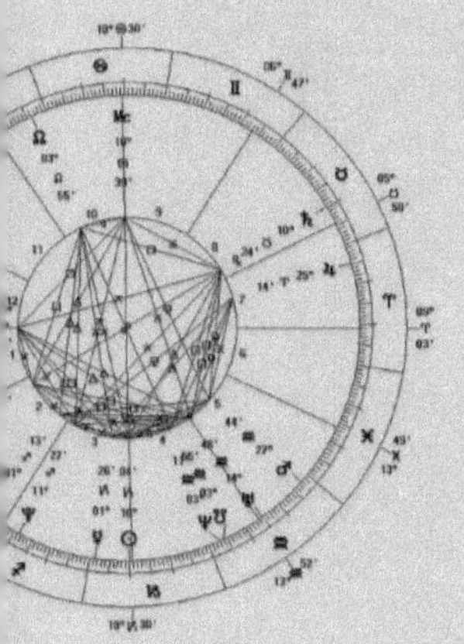

Sinastria

Encontro com o mentor

Sobre a guarda
de bons conselheiros

Serei um crente
por testemunhar
relatórios perfeitos
e palpites certeiros

Em busca
de esclarecimento

Você me verá
recorrendo
a contatos extraterrenos

Quero respostas
Que ainda não tenho

[1/6]

Alinhamento Interastral

Quíron conjunção Vênus

Pego de surpresa
pelo traslado
Esperarei
Que na passagem
para o outro lado
Veja enfim
antigos bloqueios
evaporados

Examinarei atentamente
como relacionamentos dolorosos
afetaram fortemente
minha capacidade de amor-próprio

Testemunha de mal-afortunados
E consciente de minhas falhas
Terei visão clara
De quanto outros
podem se portar mal
por medos e mágoas

A vida nem sempre é justa
Verei dispor culpa,
incapaz de ternura,
um coração rancoroso
de natureza imatura
imerso em angústia

Acordarei um dia
Com suas ligações perdidas

Isso quando julgava
que até a sua cara
já havia sido esquecida

Por um instante me perguntarei
Se relacionamentos realmente valem a pena

Precisarei de ajuda para redobrar a visão geral
Pela qual reenxergarei
Nossa constelação inteira

A saber que amor se desgasta
Por razões fora de nosso controle
e consciência

Recordarei as vezes
em que fui o primeiro
a me desvalorizar

Você nunca poderia compreender
o que a palavra misericórdia
significa

[3/6]

Remembrarei
Todo percalço
sistemático
sintomático
e feroz
que esses 9 anos
com você
me fizeram conhecer
de cor

Talvez no fundo
Só te considerasse "seguro"
E perpetrasse minhas próprias feridas
Porque pensei que não encontraria
Nada melhor.

E cultivarei
a paciência de um buda
Ao contemplar, com uma visão mais aguda
que a soltura de amarguras
Também serve
Em experiências que soam
injustificadas e injustas
A propósitos de cura

[4/6]

Nos nevoeiros
de mais um fevereiro

Se moverá perturbado
por conflitantes sentimentos

No momento
Seu estado emocional
não é sereno

Projetará
sua própria exclusão

Por reflexo
de sua retração

Porque espera mágoa
e rejeição

Como não raro
Antipático
por antecipação

[5/6]

Receberá
de forma
significativa

O ressurgimento
da infelicidade
não digerida

Seus humores
estarão mixados
a lembranças
há muito esquecidas

A cicatriz
de não ser atendido
deixa facilmente
feridas

Almas penadas
vagam perdidas
Em torno de fantasias
de profunda decepção
das quais você não se livra

[6/6]
Para ti
É uma verdade
ainda não reconhecida

A de ninguém pode atender
a todas as suas
expectativas

Se entrega
facilmente
à pena de si
e à culpa
rancorosa
e incisiva

Com a percepção pouco límpida
de que a liberdade emocional
não estará à vista

Até que possa ser
uma pessoa
mais compreensiva

O poeta e o legislador

Me laçando
em viagem

Pelos núcleos
de nosso amor

Encontrei
uma bela imagem

(Somos,
eu e você)

O poeta
e o legislador

Renegado

Dicionário

Definições de <u>Oxford Languages</u> · <u>Saiba mais</u>

Pesquise uma palavra 🔍

🔊 **renegado**

adjetivo substantivo masculino

1. que ou aquele que renega sua própria religião em nome de outra crença religiosa; apóstata.

2. que ou aquele que renega suas antigas opiniões ou convicções.

Feedback

Talvez não sangrássemos tanto
Se você não salpicasse sempre as feridas

A terapia e as estrelas vão bem
E converso com poesia

Os versos não me tolhem
como você tolhia

Falo com ela
de jeitos que nunca pude
em sua companhia

Pois é

O futuro
Não é de ninguém

A história
Nos sobrevém

Depois de nos prometermos
pra sempre

Nos tornamos
o meme

Bloqueados
Um pelo outro
em todas as redes

Te chamaria
de ex louco
E você
me chamaria também

provavelmente

[1/2]

Te prefiro
Como era como promessa
Nos prefiro
Como ilusão

Leva-se tempo pra perceber
Não gosto da gente
E não gosto
de você.

Me proíbo
, por isso,
de te deixar voltar

Nada de bom
vindo de nós
vale essa quantia

Você é tão plástico
Quanto tudo
A gente
Não combina

[2/2]

Deveria ter lido
bem melhor as estrelas
E há muito tempo atrás

Nossa relação foi feita
Pra ser desconcertante

Marte e Plutão
Acabaram com nosso mapa

Me esnoba
Me abafa
Me desconsidera
E usa particularidades
como armas

[1/24]

A meu ex rancoroso
(A resposta que nunca te dei)

Então, nos vemos de novo
E não pela melhor razão
Confesso ter pensado que esse ano
romperíamos nossa convenção

Se não encontramos sincronia
em nossa relação
Ao menos o relógio dela
tem funcionado com precisão
Não há início de ano
que não entremos em confusão

Sua regressão
É surpresa
Mas não decepção

Seria desejar demais de ti
Um pouco de noção

272

[2/24]

Não é só porque suas cicatrizes
ainda não encontraram recuperação

Que isso te dá direito
de tentar me infligir lesão

Mas em seu piloto automático
de rejeição

Perder tudo é algo
pelo qual você faz questão

mesmo a cabeça
mesmo meu respeito
e admiração.

[3/24]

Eis então
sua nova fase

Você está agora
tão à vontade

com seus delírios
de vaidade

Mas que novidade

Como se de nada servisse
a idade

Você ainda confunde
honestidade
com brutalidade.

Você está entregue à pena de si mesmo
E se eu fosse você, também estaria
Só não pelos mesmos motivos

Sua autoestima deve mesmo
ter um buraco terrível

Pra agredir quem tá quieto
sob pretexto de querer controlar
até mesmo nossos recordativos

Só pra posar de vítima
em um distorcido
esquema narrativo
e se sentir melhor
consigo

Por cada vez que tentou fazer
nosso amor diminuído

Encena muito menos o mártir
Tá mais pro assassino

Você acha mesmo
Que uma pessoa decente
Faz isso?

Em meus pensamentos mais sombrios
Ruminarei que se vai mesmo me odiar
Eu bem que deveria dar motivo

Eu merecia de certo
o título
de mais compassivo
ou iludido

Por encarar
ciclo-pós-ciclo
seu narcisismo

Não

Pessoas decentes não agem
Dezenas de vezes
como agiu comigo

Concordarei
Que sob a fachada de compreensivos
Vivemos cheios de eufemismos
Irresponsabilidade emocional é pouco

Você foi
um desonroso afetivo

Quando relata
aos que lhe são caros
"a história
vista pelo *seu lado*"

Como se houvesse
"lado"
Como se terminássemos
separados
Como se nunca tivéssemos
concordado
Como se nunca tivéssemos
conversado
passado juntos
pelo saldo
de nosso legado

Você se lembra
ou continua um desmemoriado
Que entre suas promessas
e juras de amor eterno
me desdenhava
quando se enjoava de mim
tinha um mal dia
ou um assunto
não era de seu agrado?

[7/24]

Como chamava isso
de "não usar uma máscara"
de "ser honesto e claro"
e não de ser desrespeitoso
e debochado?

Pelo que mesmo
Afinal
Brigávamos?

Eu fui tóxico?
Te larguei maltratado?
Mudei as regras
Rotineiramente
pra te por abaixo?

O que te fez
tão machucado?

Foi como me senti
Contrariado

Porque foi você
a ter iniciado
as brincadeiras
os apelidos carinhosos
os pedidos de casamento
e o melaço

E também
o que me chutou pra fora
assim que me quis
afastado?

Eu te deixei
asfixiado?

Quando me preocupei
que pela passagem do horário
Mais uma vez
Não seguiríamos
algo programado?
Porque queria poder passar
tempo de qualidade
ao seu lado

Foi algum dia que suas provocações,
passivo-agressividade
e ofensas veladas
Me puseram no limite
Até eu estar estourado?
E eu pedi desculpa
Arrependido
No momento seguinte
Reprendido por meus padrões comportamentais
refinados

Foi o dia que reclamei
Porque se recusou a me ligar
E publicou
call com seus amigos
no Status?
Porque havia meses
que não conversávamos de fato
Eu sentia sua falta
E parecia um desaforo
Você não ter pelo menos imaginado
O jeito como eu me sentiria
deixado de lado

Não porque
sou um ciumento
desequilibrado
Mas sim porque eu sabia
Precisaria ser muito tapado
pra não haver notado
o que anos depois
você teria confirmado:
Do outro lado
Você estava fazendo
e teria feito de tudo
Pra ter me evitado

Foi o jeito que escrevi sobre você
Te pondo num altar
E sobre mim
Incapaz de alcançar seu amor
Por ser um ser humano tão falho?

(Não
Eu não fui
um mal namorado.)

[11/24]

Oh
Foi aquele 1º de janeiro
Quando me senti ameaçado
por sua falta de tato?
Porque o jeito que falava sobre superar um ex
tão fácil
Pareceu ser o jeito
que havia me enxergado
Como se não soubesse o quanto
uma paixão nos avassala de fato
E talvez não soubesse mesmo
Por passar uma vida lutando
para não ser vulnerável
Com medo constante
de ser dominado

Com choros presos,
carências negadas
e o controle agarrado
Porque nada pode ferir
fazer chorar
o garoto de aço.

[12/24]

A forma como apontei seu tratamento
Parece ter remexido
e ainda remexer
você inteiro

A culpa não é minha

que até você se odeie
pelo jeito que lida
com os outros no meio

A culpa não é minha

Que esteja tão quebrado
em algum lugar profundo
por dentro

Se você coleciona mágoas
sem nenhum freio

Parece que as guarda
Para quando for oportuno
De subtexto usá-las
Quando quiser se desobrigar
de ser humano
com outras pessoas

E por falar em outros
O que falar sobre seu desespero
soltando os cachorros
Até mesmo sobre hipotéticos
futuros amados

Não foi você
que me disse uma vez
que falar sobre
seria inapropriado?

Não é da sua conta
Não é seu trabalho

Mas
Coerência
Claro
Não é mesmo
seu valor
mais estimado

[14/24]

Se acha que só um doente
poderia gostar de mim

Como dizem que não há dor
Em veneno trocado

Só posso advertir
Que talvez você devesse
Deixar nossos registros guardados

Para que um dia
Se um sucessor
ocupar meu velho espaço
Ele não seja enganado

Possa ver como você sai
diametralmente
de um galanteador barato
pra um descompromissado
Até um hater encolerizado

Era mesmo eu
a contradição ambulante
Ou você
que nunca me deixou seguro
pra saber o que reconhecer
como esperado?

Mas claro
Seu amor verdadeiro
Te aceitará como és
Em sua relação saudável

Ele saberá que você não pode ser tocado
Nem fazer nenhuma concessão
Não sentirá com ele
falta de aceitação
Ele não te afundará em implicância
Quando você agir feito um embuste
E você não precisará fugir de qualquer reflexão
fazendo dele um grande vilão

Enquanto isso,
Você estará livre
para ser crítico

Sempre tentando consertar
ou melhorar
Por ser tão cuidadoso,
tão analítico
Seja eu, seus colegas
Seus amigos

[16/24]

Você confessou pra eles?
Como confessou pra mim
Quando meu cotidiano
Já não mais te entreteve
As vezes que cansou de me ver?
E manteve o celular longe
Pra não ter que me responder

Enquanto eu tentava entender
se havia algo que eu pudesse fazer
Ou se estava tudo ok entre a gente

Sem falar diretamente com você
Porque você me convenceu
que não tinha por quê
Que eu inventava nossas DRs
e que se houvesse algo errado
Você iria me dizer

O tempo que topei
Lutar o possível
para que tudo ficasse bem
Com medo
de te perder

[17/24]

A maneira como você se aproveitou disso
E abusou da minha boa vontade
Fazendo joguinhos para que eu me cansasse
Em vez de dizer a verdade
Porque é um covarde
E assim poderia tirar o corpo fora
Sem assumir nenhuma responsabilidade

Pois posto que um amor correspondido
te faz tremer
Você escolheu ganhar tempo
pra se desprender
Sabendo que eu não estaria fazendo o mesmo
sobre você

[18/24]

Contou
sobre todas as vezes
que você
Se achando muito consciente
me fez engolir
Como piada indecente
O que qualquer outro
de qualquer outra forma
teria achado displicente

Quando disse na minha cara
que se eu me incomodasse
que você ficasse
com outros homens
Estaria tudo bem pra você
só me esconder
Como um cafajeste
escolheria fazer

[19/24]

E não é que você
realmente fez
E até aqui
Eu seria até corno
Se ele ao menos fosse gay

Deveria se envergonhar
Que só sei disso
Porque perguntei

E dessa escapei
Apenas por seu radar ser
tão problemático
quanto você

Te assisti prestigiar a vida
distanciado de mim
Como se eu não fosse parte
da composição

Você me pôs em uma balança
Como se viesse ao caso
alguma comparação

Você sabe
Que fiz por você
Coisas que foram muito além
Do que muitos fizeram
Nos arredores de Conceição

Então não me trate
Como pouca coisa
Só porque bons tempos
Atravessam sua direção

Só porque o pódio
Te sobe à cabeça
E não precise da
minha colaboração
Pra dar sentido à sua vida
e aliviar sua tensão

[21/24]

Depois de toda
Essa armação

Não me diga então
Que "Seu processo"
Era necessidade de reflexão

Quando seu processo
Sempre foi
só um inverno
que você tentou
me empurrar
pra lidar com a pressão

"Seu processo" nunca incluiu considerar meus
sentimentos
Como se não fossem dois num relacionamento
Como se você não tivesse opção

Se tivesse sido justo e aberto
Sabe
que eu ofereceria
compreensão

[22/24]

Talvez você não saiba o quanto
Por ser um insensível
E por isso não ter sido sob sua pele
Mas sim
Isso machuca pra porr@

Se sentir sozinho
dentro de uma relação

A textura áspera
da sua ingratidão.

Antes vítima da neblina
Hoje consigo ver

Não
Eu não causei
nossa ruína
Foi você.

Deveria se olhar no espelho
Antes de me fazer o bandido

Vigiar melhor
seu teto de vidro

O que tá fazendo aqui
Me atormentando
Se queria tanto
Meu sumiço?

Onde está
sua carcaça
de bem-resolvido?

Nada
Nem eu
E tentei

Nunca pôde
te pôr socorrido

Não sou eu
É você
seu próprio inimigo

Se acaso
por efeito
letivo
do destino
Escorregue
desprevenido
no visco
de seus vícios

Talvez algum dia
Entenda tudo que atirou
Para a lata do lixo

Teria te amado
Por toda uma vida
Se não fosse
um cretino

[1/6]

A escuridão de seu rancor
me faz sombra
Meu processo de luto torna a se instalar

O pensamento de você me assombra
Como um fantasma
que nunca pude exorcizar

Você não devia

Promessa indevida

Um companheiro
pra toda vida

Você não sabia
Você não podia

Você não devia

-

Quando há muito
sua terapeuta
te fez enxergar
o quanto você podia,
em suas próprias palavras,
ser controlador e egoísta

Você não devia
Ter me feito acreditar
que melhoraria

[2/6]

Ilusão
Ingenuamente nutrida

A de que você poderia
Lidar com suas emoções
sem ferir as minhas

Você sabia?

Em conjunto
Casais regulam
até mesmo
suas atividades cardíacas

Não é linda?

A beleza
de uma unidade psíquica

Criar laços

É tudo
sobre vida íntima

[3/6]

Pessoas como você
não deveriam
se relacionar

Se preferem tanto
tanta distância

Se sair
da defensiva

tanto
intimida

Se a imperfeição humana
Não pode ser bem-vinda.

Busca por atenção
e delicadeza

ao lidar com
zonas desconhecidas
arestas não polidas
e o dia a dia

Não soa
cobrança indevida

A quem se responsabiliza
pelas expectativas
que cria.

[4/6]

Se não queria

Minha imagem
como a de uma criança
com brilho no olhar
quando você se aproxima

Como se fosse um herói
da mais alta categoria

Não devia ter agido
de maneira tão persuasiva

Como uma figura protetora
que nunca me abandonaria

Você bem poderia
Admitir sua covardia

Em vez de fingir
que estava obrigado
a estar na minha vida

Não tenho o superpoder
de controlar pensamentos

Você não é
uma pobre vítima
Cegada por minha companhia

[5/6]

Repeti
tantas vezes
que era uma escolha
nossa parceria

escolhíamos
dia após dia

Sempre houve
saída

Você ficou
porque queria

Se não quisesse ficar
Deitar em mim
suas mágoas
agonias
toda a diversão
da travessia
todas as esperanças
pelas quais vibramos
em nossos dias
mais idealistas

Então
Simplesmente

não faria

[6/6]

Poderia ter em conta
que os ecos de suas decisões
Nos acompanhariam

Sou um escritor

Se não queria
suas versões mais líricas
grafadas em ouro
em minha memória
como poesia

Não devia
Dizer
e fazer coisas
Que não significa

Você não seria hoje
Uma alma
arrependida

A traseira
de minha mente
não estaria
entupida

de coisas

que não devia